趣说中国史 ②

趣哥 著

台海出版社

图书在版编目（CIP）数据

趣说中国史.2/趣哥著.-- 北京：台海出版社，2021.12（2024.5 重印）

ISBN 978-7-5168-3022-2

Ⅰ.①趣… Ⅱ.①趣… Ⅲ.①中国历史—通俗读物 Ⅳ.①K209

中国版本图书馆 CIP 数据核字 (2021) 第 104364 号

趣说中国史.2

著　　者：趣　哥

出版人：蔡　旭　　　　　　　　封面设计：异一设计
责任编辑：魏　敏

出版发行：台海出版社
地　　址：北京市东城区景山东街 20 号　　邮政编码：100009
电　　话：010-64041652（发行，邮购）
传　　真：010-84045799（总编室）
网　　址：www.taimeng.org.cn/thcbs/default.htm
E – mail：thcbs@126.com

经　　销：全国各地新华书店
印　　刷：三河市嘉科万达彩色印刷有限公司

本书如有破损、缺页、装订错误，请与本社联系调换

开　　本：880 毫米 ×1230 毫米　　　1/32
字　　数：200 千字　　　　　　　　印　张：8.5
版　　次：2021 年 12 月第 1 版　　　印　次：2024 年 5 月第 9 次印刷
书　　号：ISBN 978-7-5168-3022-2

定　　价：49.80 元

版权所有　　翻印必究

目 录

第1集　开启震动模式　　　1

第2集　挥剑决浮云　　　27

第3集　管理员出来了　　　49

第4集　开启者　　　74

第5集　开挂者　　　103

第6集　别人家的孩子　　　120

第7集　唯一女帝武则天　　　141

第8集	秦汉互撕	169
第9集	这样说话真好玩儿	191
第10集	独特的唐人	212
第11集	杀青前的狂欢	227

番外篇

| 第12集 | 当文艺皇帝建了群 | 258 |

第1集
开启震动模式

　　霍去病强势出场，犹如一匹怒马破空而出，拉开了武将群PK的大幕（霍去病的出场姿势大家脑补一下吧！）

　　因为霍去病的出场姿势太过帅气，居然引发群里下了一波表情雨……

樊哙想要跟上霍去病，于是大喝一声，拍马跃起，也在屏幕上划出一道优美的弧线……无奈技术不过关，落地的时候马失前蹄，导致脸部先着地。

第1集　开启震动模式

看到霍去病单人单骑冲入唐人阵中,包括卫青在内的汉朝武将们都捏了一把汗……

捏一把汗

汉朝武将们想上前帮忙,然而唐人的武器装备远远超出了他们的认知范围,对于如何下手都是一筹莫展……

正当大家集体愣住的时候,剧情的走向开始出乎所有人的意料……

Round 1

只见霍去病在接近唐人的时候,突然掏出一把大锤子🔨,奋力朝炮塔砸了下去……

在二次元世界中，炮弹的发射距离往往较短。被霍去病砸偏的炮塔，发出的炮弹居然直接朝着车厢射去，吓得唐人赶紧弃车而逃。

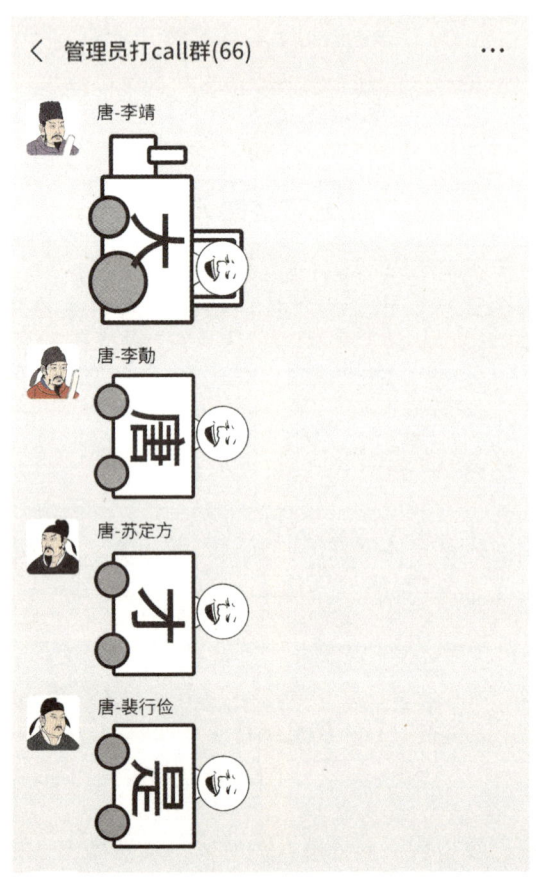

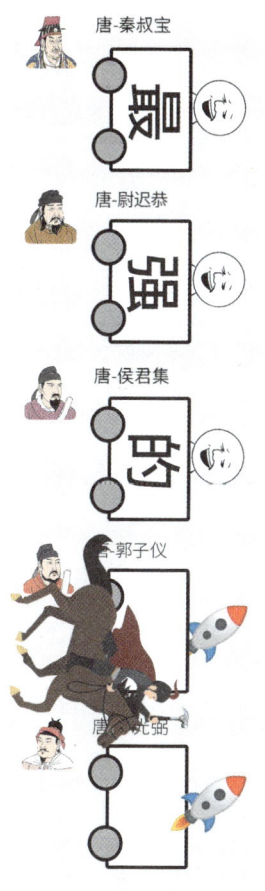

霍去病"当当"锤了两下炮塔,成功改变了发射轨迹。

霍去病初战唐朝,面对之前从未见过的武器,居然轻轻松松就把它破坏了，实在是不可思议……

涉及的知识点

◎ 历史上很多名将，从出道到巅峰，都会经历一个"打怪升级"的阶段。然而，作为一个特别的存在，霍去病一出道就是巅峰 [TOP]。

◎ 漠南之战，18岁的霍去病第一次带兵就大胜匈奴，被汉武帝封为冠军侯。在后来的漠北之战中，霍去病直接打穿匈奴，一路追到了贝加尔湖畔。这一战的封狼居胥，成为后世无数武将一辈子的"小目标"，而霍去病在22岁的时候就达成了这一目标。

大概是霍去病的存在有点儿不科学，最终系统察觉到了这个 bug 并加以修复。公元前117年，霍去病下线，年仅24岁。

第1集　开启震动模式

管理员打call群(66)

西汉-周勃
大写加粗的666，霍将军真是不世出的天才。👍👍

西汉-周亚夫
大写加粗的666，看来霍将军是我大汉的外挂。👍👍👍

西汉-李广
厉害了，霍将军出道就创造了职业生涯的巅峰。👍

东汉-邓禹
冠军侯牛气！👍👍👍

东汉-吴汉
冠军侯牛气！👍👍👍

西汉-樊哙
哈哈哈哈，此处应有音乐！

西汉-樊哙

无敌是多么寂寞

西汉-卫青
各位，不要贻误战机，大家抄家伙吧！🔨

这一轮，霍去病初战告捷，汉朝士气大增。其他汉将纷纷加入战团，准备一战打服唐朝。

Round 2

唐朝武将们毕竟是久经沙场了，虽然超级武器被破坏，但是很快又调整了新的队形。

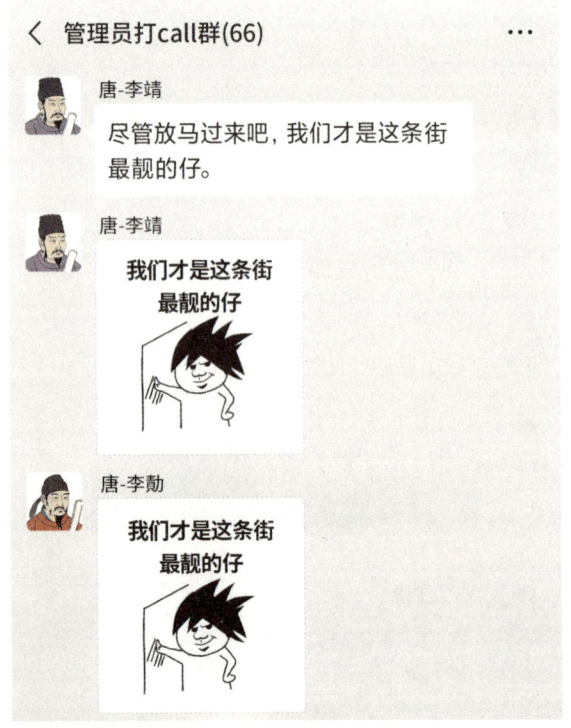

第1集 开启震动模式

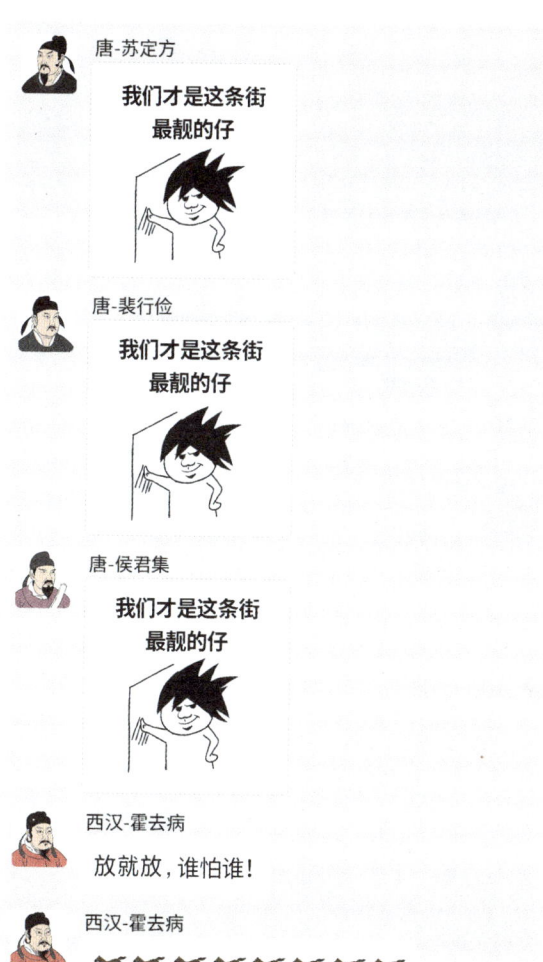

霍去病布阵,放出一群马掠过唐朝的表情包队列。

这一波有点儿天马行空的操作，搞得大家哭笑不得，却也很符合霍去病的风格。

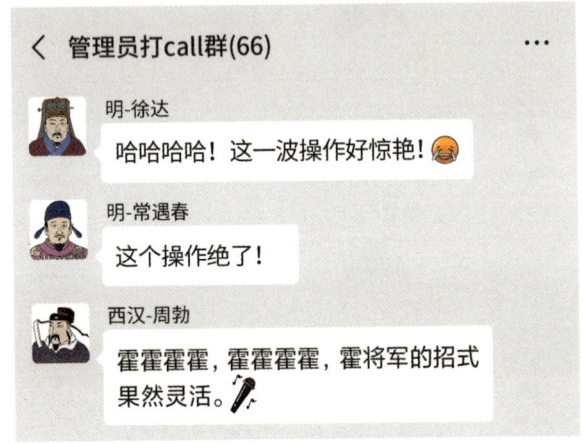

霍去病连续两个操作，都获得群里大佬的点赞。无形之中，唐朝落了下风。

这个时候，半路杀出了一个程咬金，发了一个斧头表情来挑战霍去病。

第1集 开启震动模式

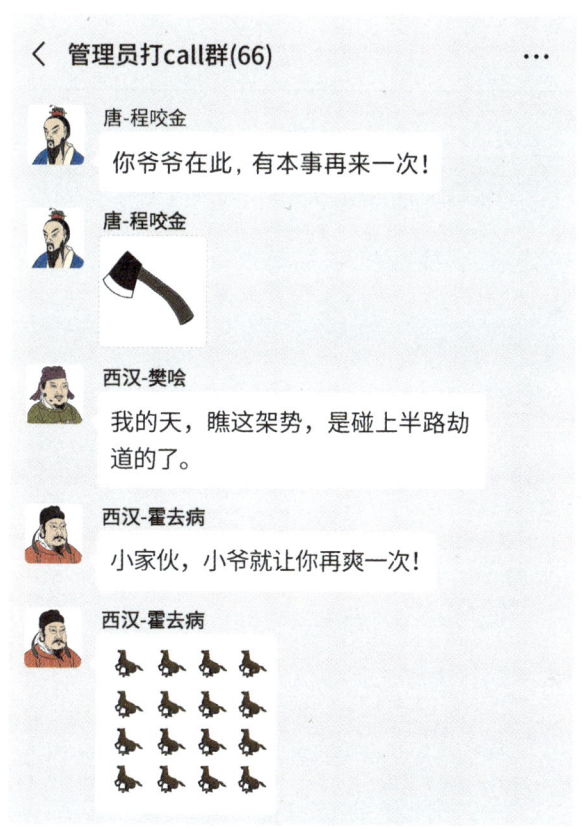

霍去病重新布阵，4×4匹马冲了出去。程咬金的斧头突然一分为二，马阵 🐎 撞到斧头，结果全都被砍成了马头 🐴。

程咬金顺势发起反击,两列猪 🐖 和狗 🐕 的表情包从屏幕上方飞出。

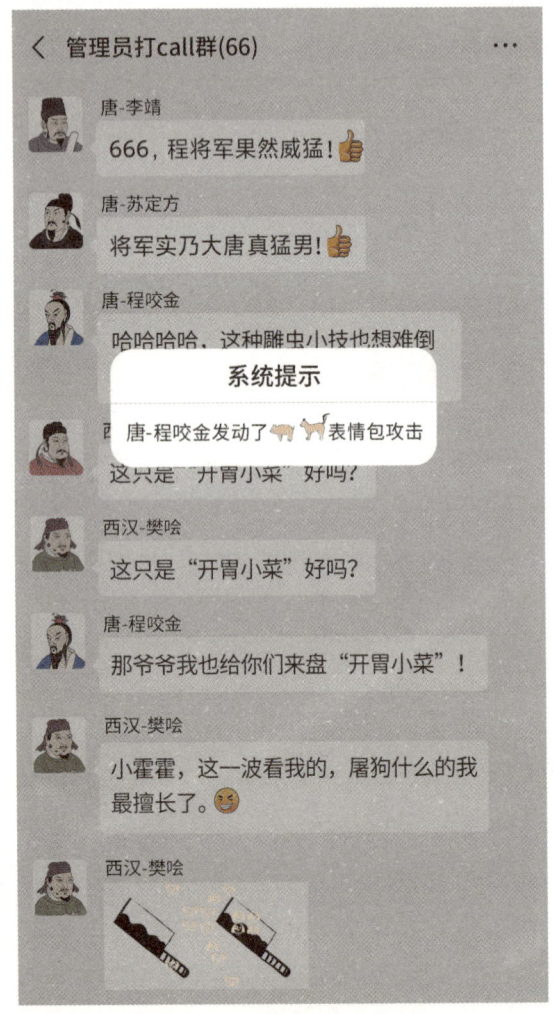

第1集 开启震动模式

樊哙在跟着刘邦创业之前，以屠狗为业。两列表情包撞上樊哙的杀猪刀之后，猪头 🐷 和狗头 🐶 四射。

接着程咬金又发动了"三板斧"技能。

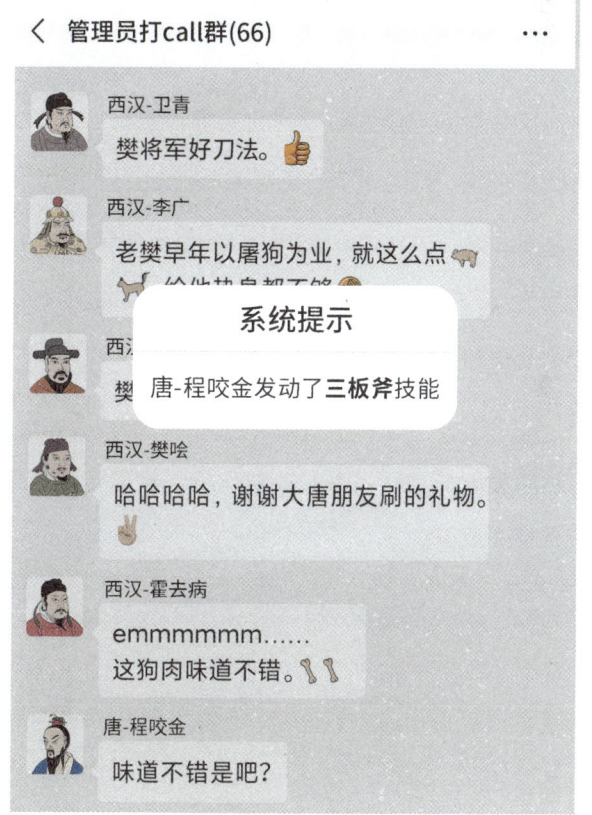

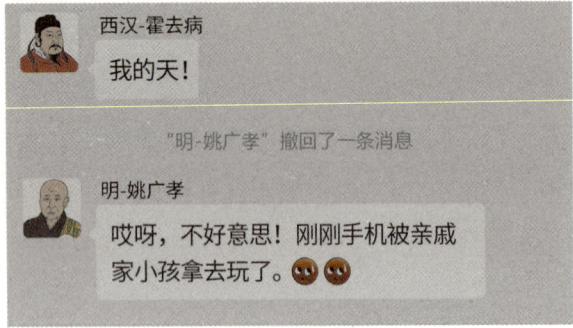

程咬金看准三位汉朝武将的头像，扔出三把斧。霍去病眼疾手快，打了一个"我的天"，斧头从头像之间的空隙穿过。就在另外两把斧头也将从空隙中穿过的时候，姚广孝发了一串字母，结果这两把斧头正好砍中陈汤和李广的头像……

姚广孝赶紧撤回消息，并故作惶恐地表示：刚刚手机被熊孩子拿去玩了……

说明："三板斧"是小说《隋唐演义》中程咬金的绝技，是指先后劈出三斧，这里同时飞出三把斧头是为了情节的需要。

第1集　开启震动模式

姚广孝的操作引起了汉朝隐藏着的高人的注意，高人点击姚的头像，看到了姚的签名，顿时明白了一切……

姚广孝

微信号：

群昵称：明-姚广孝

地区：江苏 苏州

设置备注和标签　>

个性签名　我来并不是叫世间生太平，而是让地上起刀兵

Round 3

Round 3搭配如下音乐观看更有感觉。

Man At Arms
Position Music - Position Music - Production Music Series Vol. 55 - Epic Hip-Hop

被斧头砍中头像的陈汤和李广怒了,陈汤反手就是一个"虽远必诛"。

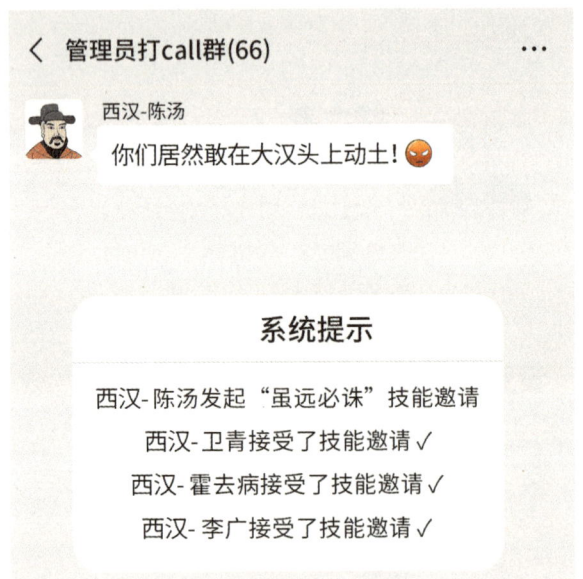

―― **涉及的知识点** ――

◎ "明犯强汉者,虽远必诛",这句历史上最霸气的话,是西汉名将陈汤在给汉元帝刘奭的上书中说的。

第1集 开启震动模式

汉朝几位名将同时蓄力,居然引发武将群的震动。随着大招怒射而出,群里众人的头像纷纷落地。

> ← 管理员打call群(66) ···
>
> 明-徐达
> 发生了什么事了?本群居然在震动。🐵
>
> 唐-苏定方
> 这是在憋大招吗?
>
> 唐-秦叔宝
> 这是要拆群啊!🐵

一眨眼的工夫,大家都变成了匿名头像。群里都是有头有脸的人,被人弄掉头像毫无疑问是奇耻大辱。武人脾气一上来,各种粗话开口就来(粗话部分系统自动显示为****)。

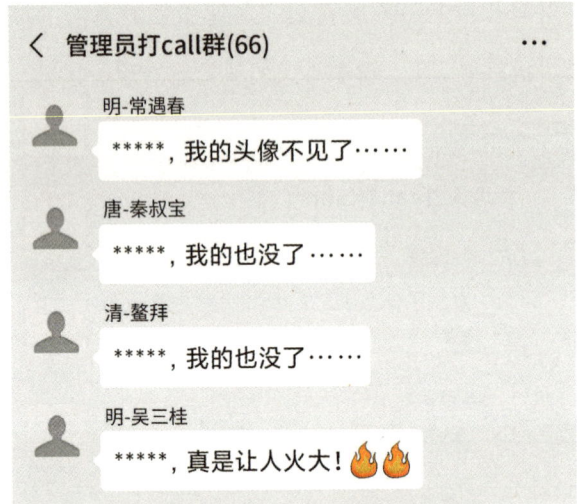

吴三桂甚至又要冲冠一怒🔥🔥。

看到大家的情绪已经被点燃，姚广孝决定送上最后一击，他在群里转了一篇文章。

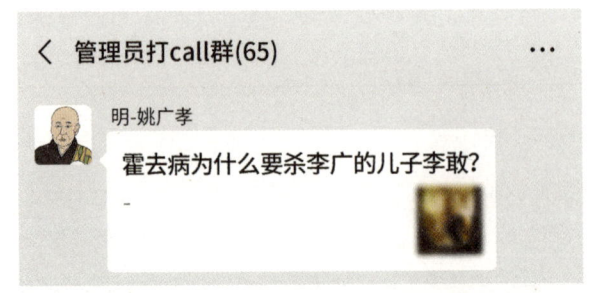

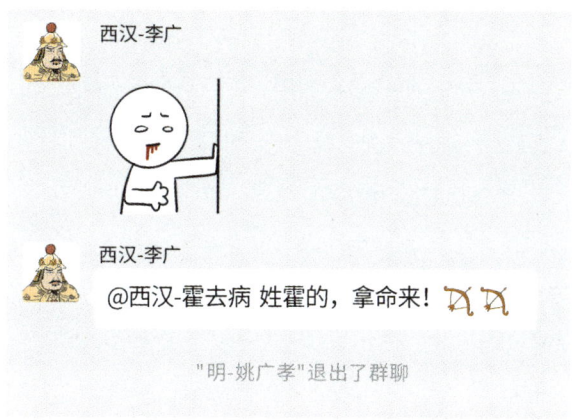

发完后,姚广孝就退群了,深藏功与名……

他知道事情已经稳了,一场大乱斗已不可避免。自己不是武将,在群里可能还会被误伤。

---涉及的知识点---

◎ 李敢曾因父亲李广之死,把卫青打成重伤。霍去病得知李敢打了舅舅之后怀恨于心,在一次狩猎过程中,霍去病直接把李敢射杀了(所以,接下来李广肯定会跟霍去病拼命)。

于是，汉军阵营被成功分化。李广和霍去病都是箭术高手，一时间，群里飞箭如雨，伴随着各种人身攻击。

为了维护各位武将的形象,聊天内容已打码。

涉及的知识点

◎ 唐代卢纶有一首《和张仆射塞下曲·其二》,描写了李广箭术的高超(可以把整支箭射到石头里面)。

> 林暗草惊风,将军夜引弓。
> 平明寻白羽,没在石棱中。

李广、霍去病开战,汉朝发大招已再无可能。很多其他朝的武将为报掉头像之仇,也纷纷加入战团。武人脾气大都暴躁,群里又都是大杀四方的人,本来汉唐之间的意气之争,演变成了多个朝代的大乱斗……

一时之间,群里刀剑横飞,PK 四起,各大武将的气场和技能发生强烈碰撞,整个群开始剧烈震动,最终竟然引起系统报警。

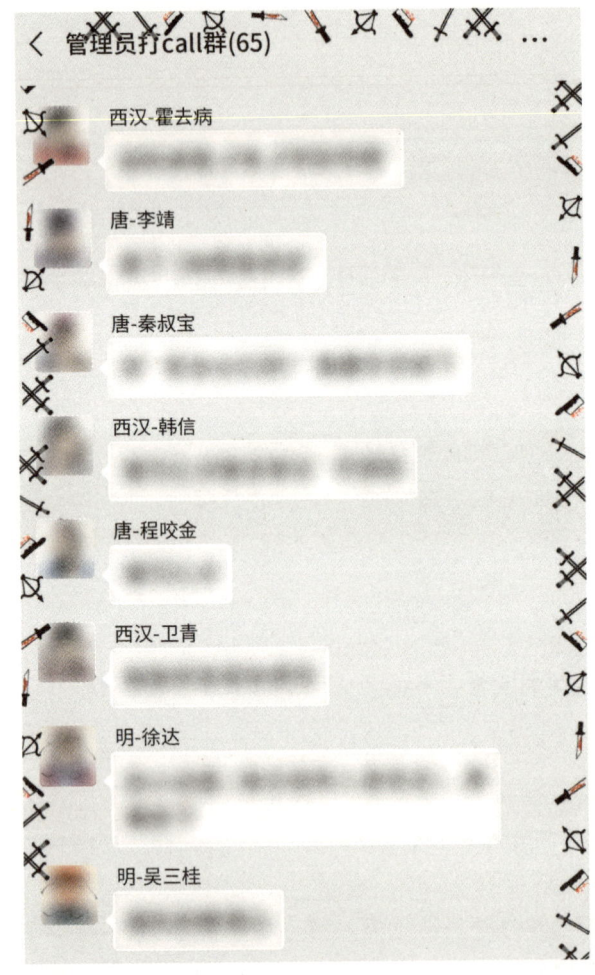

群里很多武将功夫很高，碰撞产生的能量也震动了其他群，皇帝群震感尤其强烈。

第1集　开启震动模式

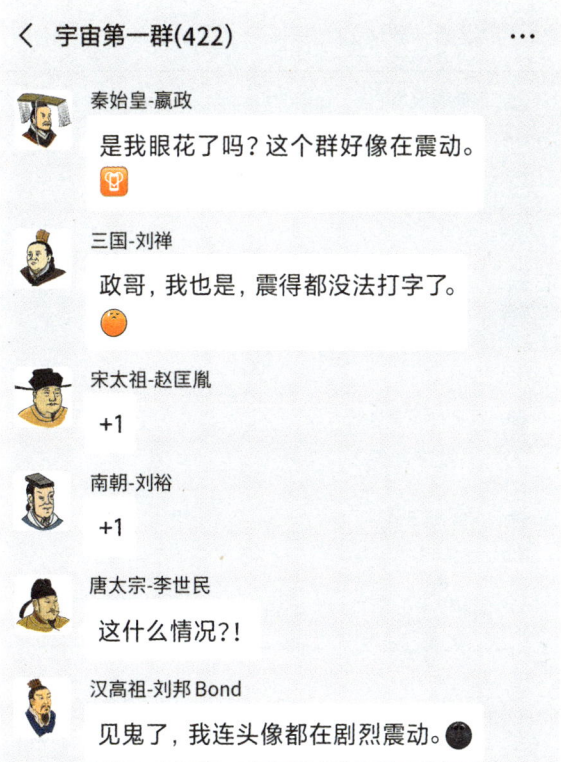

穿越者王莽带来了最新消息。

趣说中国史2

< 宇宙第一群(422)　　　···

新朝-王莽

大佬们还不知道吗？
武将群在打架，引起网络地震，朋友圈也有震感。

新朝-王莽

刚刚我还刷到他们的视频，据说打到系统都报警了。😱

唐太宗-李世民

发来看看！

新朝-王莽

汉高祖-刘邦 Bond

打得很猛啊，韩信也在里面。

三国-刘禅

哈哈哈哈，难怪祖爷爷头像会震动，估计是被韩信功高震主了。😂

三国-刘备
哎哟喂,这倒霉孩子……

三国-刘备
不好意思啊祖爷爷,一不留神没看住……

涉及的知识点

◎ "功高震主"这个成语出自《史记·淮阴侯列传》,最初说的是淮阴侯韩信。韩信用兵如神,帮刘邦打下大半个江山。因为功劳太大,曾有人劝他自立门户:"臣闻勇略震主者身危,而功盖天下者不赏。"韩信没有听,最终被吕后所杀。

皇帝群有不少上了年纪的人,群里震动,看字和打字都成了问题,管理员竞选的节奏就这样被武将群给干扰了……*

---
* 此篇内容,关注趣哥公众号"趣哥",可以欣赏动图效果。

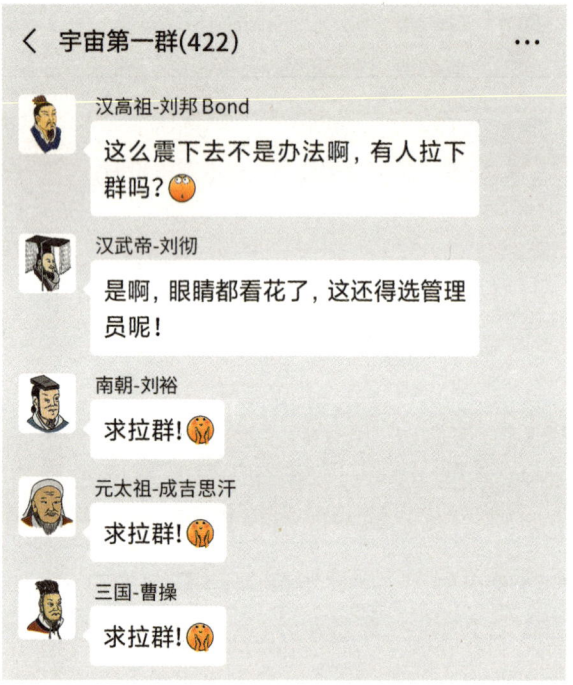

于是,大家怀着各种目的,请求进群。

最终,武将群的大纷争会如何平定?武将群的乱斗对管理员有何影响?皇帝群中哪几位大佬会当选管理员?敬请期待下一集……

第2集
挥剑决浮云

在上一集中,武将群的大 PK,引发功高震主现象,导致皇帝群剧烈震动。

宇宙第一群(422)

汉高祖-刘邦 Bond
这么震下去不是办法啊,有人拉下群吗?

汉武帝-刘彻
是啊,眼睛都看花了,这还得选管理员呢。

南朝-刘裕
求拉群!

元太祖-成吉思汗
求拉群!

三国-曹操
求拉群!

宋太祖-赵匡胤
也拉我一个。

明武宗-朱厚照
大佬们,叫你们手下拉一下不就好了吗?

汉武帝-刘彻
没回复,估计打到忘乎所以了。

第2集 挥剑决浮云

汉高祖-刘邦 Bond
彻儿，武将群刀剑无眼，你就不要进群了。

汉武帝-刘彻
是，孙儿谨遵曾祖之命。🙏

汉武帝-刘彻
曾祖要不也留在群里吧，您以身犯险，孙儿会担心的。😰

汉高祖-刘邦 Bond
没事，我进去收拾一下局面。

可能是武将们打得兴致勃勃，也可能是"将在外，君命有所不受"，一些个人武力值比较高的帝王想入群平乱，一时之间竟然找不到拉群的人。

与此同时，群里一些网感好的武将，通过截图或者录视频的方式对外直播，很快在朋友圈引起刷屏……很多人纷纷求入群、求围观，甚至还有黄牛在朋友圈里倒卖坑位。

A黄牛
👉想入武将群的看过来‼️
💥通过内部渠道弄到少量坑位，只要8888
马上拉你入群，童叟无欺，谢绝还价
💰微信和支付宝转账都可

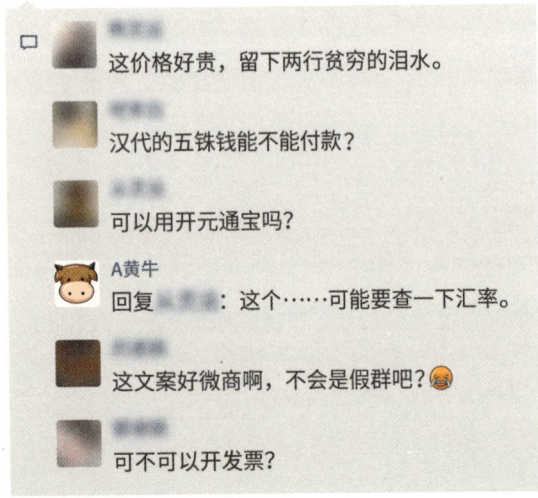

1小时前

这价格好贵，留下两行贫穷的泪水。

汉代的五铢钱能不能付款？

可以用开元通宝吗？

A黄牛
回复 ▇▇▇：这个……可能要查一下汇率。

这文案好微商啊，不会是假群吧？😂

可不可以开发票？

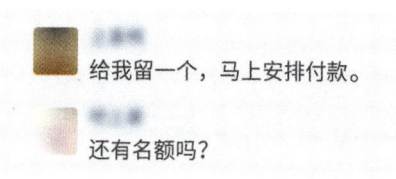

给我留一个,马上安排付款。

还有名额吗?

涉及的知识点

◎ 五铢钱,是我国钱币史上使用时间最长的货币,汉武帝时开始铸造发行,一直到唐高祖时期,总共流通了700多年。到了唐代,市场上流通的五铢钱各种各样的都有。为了整治混乱的币制,唐高祖李渊开始铸造开元通宝。五铢钱和开元通宝都是对后世影响深远的钱币。

◎ 温馨提醒:开元是唐玄宗的年号,但是开元通宝不是唐玄宗发行的,而是唐高祖李渊发行的。

武将群的话题,在社交媒体上也快速发酵,爆了好几个热搜。

🔍 ××热搜

武将群大PK震动网络　　武将群 皇帝群震动

　　　　　　　　　　　皇帝群管理员人选预测

趣哥拖更吐槽

汉朝和唐朝谁才是第…　　更多热搜 >

作为同行，武将群体尤其想进群，特别是那些武功赫赫的名将们。

比如战神白起，正开着挖掘机寻找进群的入口。

 白起
本人擅长挖坑，有没有小朋友拉下武将群？

刚刚

比如三国武将，他们基本上都是东汉人。在热搜上看到汉朝和其他朝代打架,他们纷纷找已在群里的汉将拉自己入群。一时间,群里将星璀璨,来自汉朝的武将超过半壁江山。

(为了便于阅读,群聊没有做成震动的效果。)

< 管理员打call群(199)　　　　　…

"关羽"加入了群聊

"赵云"加入了群聊

赵云
常山赵子龙在此,听说有人欺负我们大汉?

关羽
关某在此,谁敢放肆!

"张飞"加入了群聊

张飞
我乃燕人张益德!谁敢与我决一死战?

"黄忠-handsome"加入了群聊

"吕布-三国第一猛男"加入了群聊

"张辽"加入了群聊

"马超"加入了群聊

刚入群的武将还没来得及改群昵称，因为振幅太大，吕布"三国第一猛男"的后缀都被震掉了。

> **管理员打call群(199)**
>
> **吕布**
> 我的天，这群怎么震得这么厉害？
>
> **关羽**
> 楼上自恋过度，连昵称都被震掉了。
>
> **张飞**
> 莫自恋，自恋遭雷劈。⚡
>
> **吕布**
> 看来二位是要约架啊。
>
> **吕布**
> 那就把刘备拉上，再来一次三英战吕布吧。
>
> **张飞**
> 你这三姓家奴，打你，我一个就够了。
>
> **关羽**
> 三弟别冲动，我们进来是打其他朝代的。
>
> **唐-秦琼**
> 关二爷，很多人想看咱俩打。

关羽
来吧，我的青龙偃月刀已经急不可耐了。

唐-程咬金
杀猪的，我来会一会你。@张飞

张飞
你骂谁杀猪的？看你张爷爷怎么教你做人！

唐-程咬金
那就要看阁下有多少斤两了。

涉及的知识点

◎ 在三国演义中，三英战吕布是名场面。刘备、关羽、张飞三人一起大战吕布，由此可见吕布战斗力之强。但是吕布是三国史上最"坑爹"的，他认过几个干爹，最后都被他弄死，所以张飞形象地称他"三姓家奴"。

◎ 关公战秦琼，据说来自民国一个军阀的神操作。这个军阀没什么文化，有一天听书的时候，脑洞大开地让说书人讲讲关公战秦琼。在当时穿越梗还不流行，这种不合逻辑的操作让人震惊，于是这个典故就流传开了。

（为了便于阅读，群聊没有做成震动的效果。）

> ‹ 管理员打call群(199) ···
>
> **黄忠-Handsome**
> 我的天，这群震得越来越厉害了。
>
> **黄盖-GAI**
> 是啊，震得我老眼昏花。😤
>
> **黄忠-Handsome**
> 有什么重点的东西可以压一下群吗？系统都弹框警告了！⚠️
>
> **赵云**
> Handsome 这个提议不错。👍
>
> **黄盖-GAI**
> 附议。射箭都不好瞄准，容易误伤友军。
>
> **吕布**
> 附议。拿重物压一下，这样群就不会震动了。

西汉-卫青
哪里能找到可以镇群的重物呢?

西汉-卫青
一般的大石头估计压不住,用千斤鼎也够呛。

涉及的知识点

◎ 黄忠,字汉升(所以趣哥给他取了英文名 Handsome),是蜀汉的名将。黄盖,是东吴的名将,有句话广为流传,"周瑜打黄盖,一个愿打,一个愿挨"。

趣说中国史2

（为了便于阅读，群聊没有做成震动的效果。）

< 管理员打call群(199)　　…

张飞
二哥，你不是武财神吗，在仙界是否有可以镇群的重物？@关羽

关羽
之前听几位仙友说过，有一位孙大圣有一个金箍棒，重13500斤，应该可以镇楼。

西汉-卫青
那把这位孙大圣拉进群吧！

关羽
我跟他不是一个神仙系统的🍊，我发个仙友圈问问他的联系方式哈。

西汉-霍去病
舅舅，我知道一把锤子🔨，绝对可以镇住群的震动。

西汉-卫青
哦？是什么锤子？

西汉-霍去病
雷神之锤。用它镇群，群可以纹丝不动，很神奇的！😂

38

> **西汉-霍去病**
> 上一集里我破唐朝的队列用的就是锤子,所以刚好研究过。

> **西汉-卫青**
> 厉害了,那你问一下能不能把雷神之锤借来用用。

> **西汉-霍去病**
> 这锤子一般人拿不动,得把雷神本人拉入群。😂

霍去病在上一集中用锤子敲过唐朝的表情包队列,可能了解过雷神之锤。其他汉朝人对后世的神仙普遍不了解,所以并不知道拉他们进群的后果。

涉及的知识点

◎ 中国的神话体系很复杂,所以相应的神仙体系也复杂。有上古神话中的神仙(比如盘古、女娲),有道教系统的神仙(比如太上老君、玉皇大帝),有因为书籍出名的神仙(比如《西游记》里的一些神仙),还有历史人物被尊为神的(比如关羽是武财神,秦琼和尉迟恭是门神)。所以,外国的神话有神谱，但是中国的神话很难理出这样的谱系出来。

◎ 在漫威电影中，雷神之锤给人一种很重的印象，就算是力大无穷的绿巨人也拿不起来。其实雷神之锤是被奥丁施了咒语，只有拥有雷神之力的人，才能拿起它。这也解释了为什么锤子可以放在茶几上，雷神可以拿着锤子在地球上到处走，地面和地板不会塌陷。趣哥上网检索了一下雷神之锤的重量，是42.3英镑，差不多19.2公斤（奇怪的知识又增加了）。

　　汉朝武将众多，又要拉孙悟空和雷神进来，唐朝武将有点儿慌……

第2集 挥剑决浮云

> **管理员打call群(199)**
>
> **唐-秦琼**
> 我的天,这是要升级到神战的节奏啊!
>
> **唐-尉迟恭**
> 看来我们要开启门神模式了。@唐-秦琼
>
> **明-徐达**
> 一颗赛艇!
> 有生之年居然可以看到神仙打架。
>
> **唐-苏定方**
> 老师,我们该怎么应对?@唐-李靖
>
> **唐-李靖**
> 次元壁即将破裂,看来……我要把哪吒和舅舅拉进来了。

因为对后世缺乏认知,汉朝人忽略了李靖的另一个重要身份。

———— 涉及的知识点 ————

◎ 李靖,是唐代教父级的名将,也是《西游记》中托塔李天王的原型。他的舅舅是隋朝名将韩

擒虎，韩擒虎是阎罗王的原型。在神话中，李靖又是哪吒的父亲。

所以在李靖身上可以串联起三界，如果拉入群，就是真正的三界大战，武将版诸神之黄昏可能就会降临……

此时，刘邦终于进入了武将群，然后把刘裕、曹操、赵匡胤、成吉思汗等武力值高的小伙伴也拉入了群聊。

（为了便于阅读，群聊没有做成震动的效果。）

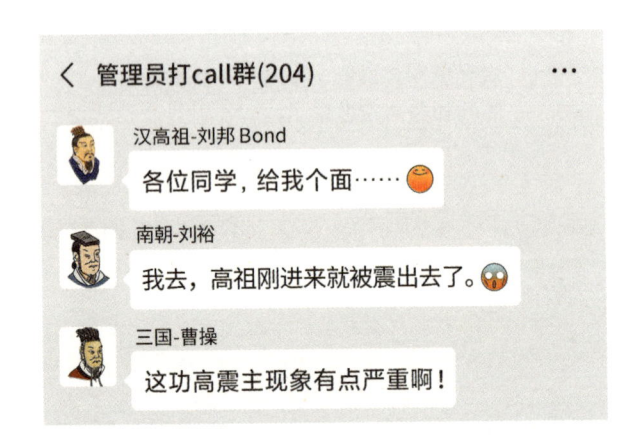

> **管理员打call群(204)**
>
> 汉高祖-刘邦 Bond
> 各位同学，给我个面……🍊
>
> 南朝-刘裕
> 我去，高祖刚进来就被震出去了。😱
>
> 三国-曹操
> 这功高震主现象有点严重啊！

刘邦刚想说"给我个面子"，结果话没说完就被震出群了。

原来以为刘邦加上其余四位的阵容,足以平息纷争。然而剩下的几位武力值虽高,但是并不能控制住局面。

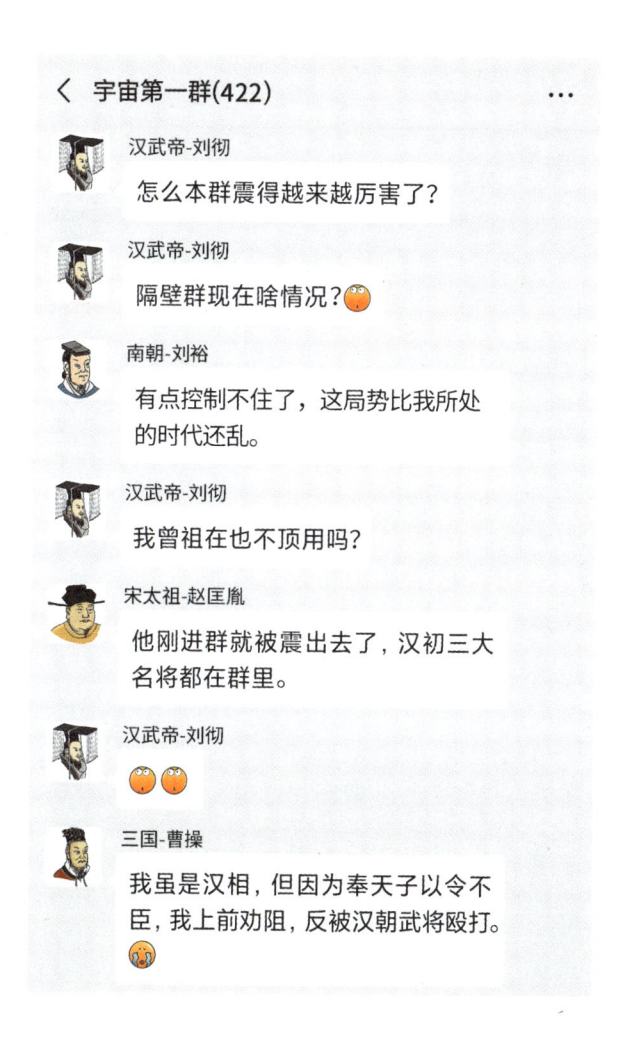

> **< 宇宙第一群(422)**
>
> **汉武帝-刘彻**
> 怎么本群震得越来越厉害了?
>
> **汉武帝-刘彻**
> 隔壁群现在啥情况?😮
>
> **南朝-刘裕**
> 有点控制不住了,这局势比我所处的时代还乱。
>
> **汉武帝-刘彻**
> 我曾祖在也不顶用吗?
>
> **宋太祖-赵匡胤**
> 他刚进群就被震出去了,汉初三大名将都在群里。
>
> **汉武帝-刘彻**
> 😮😮
>
> **三国-曹操**
> 我虽是汉相,但因为奉天子以令不臣,我上前劝阻,反被汉朝武将殴打。😨

> **宋太祖-赵匡胤**
> 我是后辈，他们压根儿不听我的。
>
> **元太祖-成吉思汗**
> +1。
>
> **秦始皇-嬴政**
> 你们把我拉进去吧。

---涉及的知识点---

○ 汉初三大名将指的是韩信、彭越和英布，三个人在同一年被杀。韩信功高震主，被吕后所杀。彭越被人告发谋反，被刘邦以"反形已具"的罪名诛杀。看到韩信、彭越都死了，英布被逼反，最后被刘邦打败。刘邦亲征英布时中了一箭，回到长安后病情加重，不久之后就驾崩了。

所以，汉初三大名将都在群里，刘邦瞬间就被震出群了……

于是，嬴政进群……

第2集　挥剑决浮云

此时群里的纷争，跟当年的七国之争何其相似!

管理员打call群(204)

秦始皇-嬴政刷了一个大宝剑

嬴政二话不说,"挥剑决浮云",给群里刷了一把大宝剑。

接着,嬴政收了所有人的技能和兵器,做成12个金人刷到群里,群的震动很快就停止了。

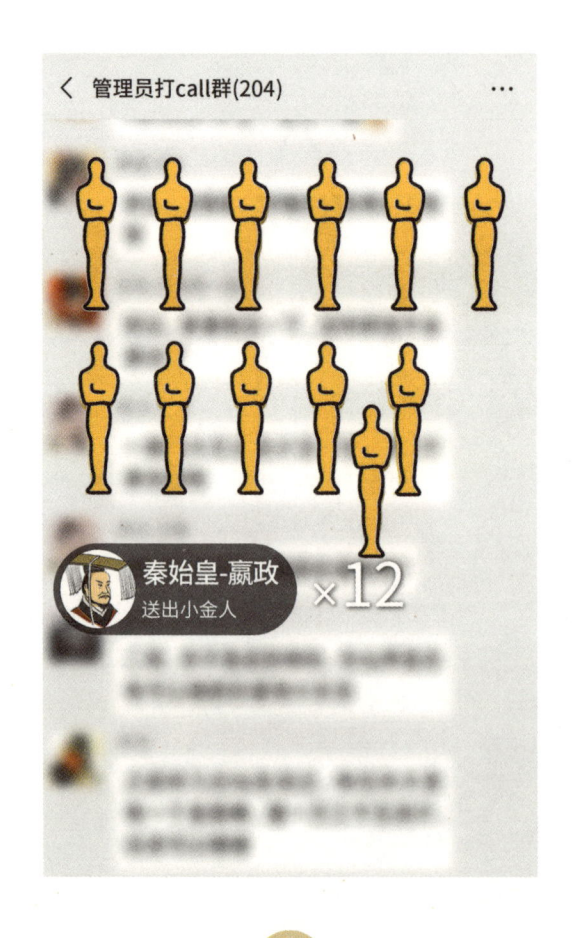

技能和兵器被没收，群里就无法再打架，而且还有12个金人镇群……

涉及的知识点

◎ 李白有一首《古风·秦王扫六合》，描述了秦始皇统一六国的几个经典画面（趣哥截取了两个做成上面的图）：

> 秦王扫六合，虎视何雄哉！
> 挥剑决浮云，诸侯尽西来。
> 明断自天启，大略驾群才。
> 收兵铸金人，函谷正东开。

◎ 秦始皇统一六国后，收天下兵器铸了12个金人。据估计，小的金人重三十几吨，大的重七十几吨。金箍棒的重量是13500斤，6750公斤，也就是6.75吨。秦始皇铸造的金人，一个的重量就是金箍棒的5～10倍，这样的金人有12个，所以群被镇得死死的。

宇宙第一群(422)

秦始皇-嬴政
搞定。

汉武帝-刘彻
群主大大好厉害！👍

三国-曹操
政哥刷了几个礼物就搞定了😂，大写加粗的666！

南朝-刘裕
南朝-刘裕 送出彩虹屁 ×20

宋太祖-赵匡胤 送出彩虹屁 ×8

敬请期待下一集……

第3集
管理员出来了

武将群功高震主,引发皇帝群剧烈震动。一开始,刘邦、刘裕等人入群,但是并不能平息武将群的纷争。后来,嬴政入群连刷12个小金人,终于稳住了局面。

宇宙第一群(422)

秦始皇-嬴政
各位，差不多得了哈，还要继续选管理员呢！

汉武帝-刘彻
没错，选管理员才是正事，政哥准备怎么选？

秦始皇-嬴政
武将群这次闹得这么大，主要是汉唐两朝在PK。要不就从汉唐开始吧，我也很想了解你们厉害的地方。

三国-刘禅
哈哈哈哈，来得早不如来得巧，又有好戏看了。💀

明武宗-朱厚照
前排围观。😆

十全宝宝-乾隆
前排+1，是一对一PK，还是多对多Battle？

新朝-王莽
感觉可以搞成一个选秀节目，大家层层PK，最后决出前3名做管理员。

第3集 管理员出来了

三国-曹丕
老王想法很新潮啊,不愧是穿越人设。👍

秦始皇-嬴政
这次报名的共17人,我们会先在群内初选,按票数高低选出前10名,然后再终选出3名管理员。

汉武帝-刘彻
终于开始了,不容易啊!😂

三国-刘禅
汉唐PK,管理员竞选,看来这一集有两大看点。😏

明武宗-朱厚照
期待地搓小手。

秦始皇-嬴政
投票系统正在制作中,这段时间我们先来看看汉唐PK吧。

秦始皇-嬴政
请开始你们的表演。@汉高祖-刘邦Bond @唐高祖-李渊

宇宙第一群(422)

汉高祖-刘邦 Bond
我们报名了5个人,那在第一轮大汉岂不是要霸榜。😂

唐高祖-李渊
阁下这姿态,真是让人眼前一亮。👑👑

唐太宗-李世民
刘总不是刚被功高震主吗?这么快就恢复功力了?

汉高祖-刘邦 Bond
我开创的朝代,可是成了一个民族的名字。

唐高祖-李渊
我建立的朝代,也是成了一个民族的代称。

汉文帝-刘恒
我和我儿子 @汉景帝-刘启 的文景之治,是群里第一个盛世。

唐太宗-李世民
我的贞观之治,是治世中的 Plus。

汉武帝-刘彻
Plus?那我的汉武盛世就是 Max。

唐玄宗-李隆基
"海内虚耗,户口减半"了解一下😶,开元盛世才是Max。

汉光武帝-刘秀
楼上也好意思出来说……论败家,我谁都不服就服你。论兴家,光武中兴延续了汉家两百年国祚。

唐宪宗-李纯
我们也有元和中兴好吗?

汉明帝-刘庄
据我所知,这跟我爹的不是一个量级。😏

涉及的知识点

◎ 汉族、汉人,来自刘邦开创的汉朝。海外的唐人、唐人街,来自李渊建立的唐朝。

◎ 汉有文景之治,唐有贞观之治;汉有汉武盛世,唐有开元盛世;汉有光武中兴,唐有元和中兴。

◎ 汉武帝后期,因为过度透支国力,"海内虚耗,户口减半",所幸武帝后面的昭宣二帝给力,又把国力拉了回来。开元盛世是唐朝的巅峰,"忆昔开元全盛日,小邑犹藏万家室"。可惜安史之乱后国力跳水式下滑,唐朝由盛转衰。

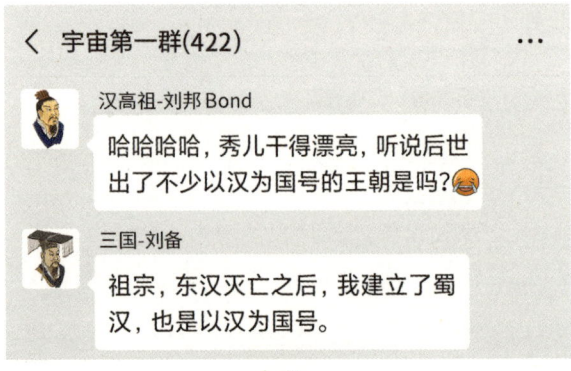

宇宙第一群(422)

汉景帝-刘启
秀儿,你是我最意外的惊喜!👍
@汉光武帝-刘秀

明太祖-朱元璋
实名羡慕汉朝,国灭之后还能复兴。

隋文帝-杨坚
实名羡慕汉朝,有个好后代就是好啊!😱

"唐高祖-李渊"撤回了一条消息

宇宙第一群(422)

汉高祖-刘邦 Bond
哈哈哈哈,秀儿干得漂亮,听说后世出了不少以汉为国号的王朝是吗?😂

三国-刘备
祖宗,东汉灭亡之后,我建立了蜀汉,也是以汉为国号。

第3集　管理员出来了

汉景帝-刘启
你是胜儿这一支的吧？@三国-刘备

三国-刘备
是的祖爷爷，备是中山靖王刘胜之后。

宋太祖-赵匡胤
@汉高祖-刘邦Bond 是挺多的，我所在的时代就有三个。@后汉-刘知远 @北汉-刘崇 @南汉-刘龑

后汉-刘知远
蹭大汉的光冒个泡，我们小割据政权本来都不好意思发言。😂

北汉-刘崇
老哥，我也来冒个泡。@后汉-刘知远

南汉-刘龑
低调路过……🍊

新朝-王莽
楼上这名字高端了，咋不叫龙傲天呢！😝

汉高祖-刘邦 Bond
哈哈哈哈，我大汉不仅国祚绵长，而且以汉为国号的王朝众多，贵朝拿什么跟我们竞争?！@唐高祖-李渊 @唐太宗-李世民

涉及的知识点

- 对汉朝来说,刘秀是一个意外的惊喜。据传,汉景帝在一次酒醉后召爱妃侍寝,不巧的是,这位妃子正处于生理期。于是,急中生智的妃子就让自己的侍女去侍寝。结果,这位侍女怀孕了,生下了刘发,刘发就是刘秀的五世祖。

- 刘备是汉景帝另一个儿子刘胜的后代,刘秀和刘备分别为汉朝续了两次命,往上追溯共同的祖先都是汉景帝。

- 以汉为国号的王朝数量是最多的,据统计有十几个。五代十国时期就出现了3个汉的政权,后汉、北汉和南汉,后汉和北汉的创建者是亲兄弟。

第3集　管理员出来了

〈 宇宙第一群(422)

唐太宗-李世民
后世王朝也有用唐做国号的好吗?
后唐、南唐了解一下……

南唐-李煜
就是,晋的国号还有人复用呢。

晋武帝-司马炎
嗯……怎么躺着也中枪?

唐太宗-李世民
论单个王朝的时长,我们是289年,
比你们长多了。

唐高宗-李治
没错,老爹666,瞬间扭转局势。

唐玄宗-李隆基
恕我直言,论个人武力值和军事能
力,汉朝的诸位都是……没有我曾
祖父强。

汉光武帝-刘秀
这我就无语了,昆阳之战了解一下?
不到两万人,打败王莽四十几万。

新朝-王莽
嗯……怎么我也躺枪了?

涉及的知识点

◎ 昆阳之战是著名的以少胜多的战例,刘秀以不到两万人的兵力,打败王莽的四十几万大军,摧毁了新朝的根基,王莽的新朝不久之后就灭亡了。

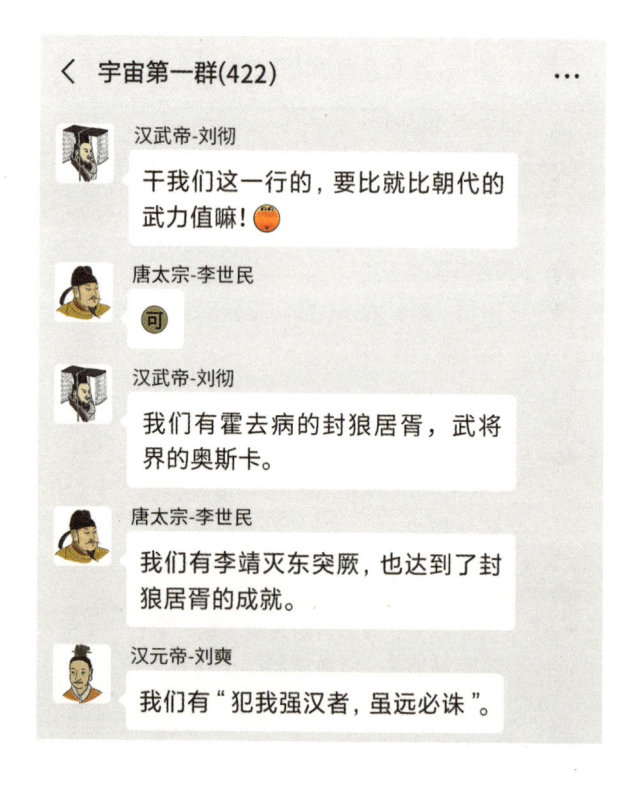

宇宙第一群(422)

汉武帝-刘彻
> 干我们这一行的,要比就比朝代的武力值嘛!

唐太宗-李世民
> 可

汉武帝-刘彻
> 我们有霍去病的封狼居胥,武将界的奥斯卡。

唐太宗-李世民
> 我们有李靖灭东突厥,也达到了封狼居胥的成就。

汉元帝-刘奭
> 我们有"犯我强汉者,虽远必诛"。

唐太宗-李世民
我们把突厥可汗抓到了长安。

汉光武帝-刘秀
我们有云台二十八将。

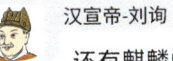

汉宣帝-刘询
还有麒麟阁十一功臣。

唐太宗-李世民
我们有凌烟阁二十四功臣,虽然人数少,但知名度高。

唐高宗-李治
是的,排末位的秦琼都是家喻户晓。

汉武帝-刘彻
汉有张骞,出使西域,开辟丝绸之路。

唐太宗-李世民
唐有玄奘,西天取经,成了神话故事。

汉明帝-刘庄
汉有班超,率三十六人收复西域五十几个国家。

唐太宗-李世民
唐有王玄策,一个人灭掉一个国。

汉武帝-刘彻
这……怎么会有这么多像的地方?

唐太宗-李世民
哈哈哈哈,是有点。

新朝-王莽
有种镜像王朝的感觉。

明成祖-朱棣 Judy
唐人习惯以汉代唐,看来不是没有理由啊!

汉、唐不仅文治方面有类似的地方,武功也能找到不少相似点。

第3集　管理员出来了

< 宇宙第一群(422)　　　···

唐宣宗-李忱
像的地方还有很多😂，比如你们有吕后当朝。

汉高祖-刘邦 Bond
我的天，想起来了，群里唯一一个小姐姐就是你们唐朝的。

武则天
干嘛一惊一乍的！
都是见过大场面的人……

汉高祖-刘邦 Bond
小姐姐果然犀利，难怪能成为唯一的女帝。

秦始皇-嬴政
对了，吕雉就是你们说的吕后吧？

汉高祖-刘邦 Bond
是的，老哥。

秦始皇-嬴政
她这几天疯狂加我好友说要入群，我差点把她拉黑了。

秦始皇-嬴政
还有一个叶赫那拉氏。

三国-刘禅
有点戳中笑点。

< 宇宙第一群(422)

汉元帝-刘奭
哈哈哈哈，来来来，继续来找巧合。

汉元帝-刘奭
我们有昭君出塞，稳定了西汉和匈奴的关系。

唐太宗-李世民
我们有文成公主和亲，促进了大唐和吐蕃的友好。

汉成帝-刘骜
我有飞燕善舞，飞燕身轻如燕，能在掌上跳舞。

三国-刘禅
真的假的？可以掌上蹦迪吗？

唐玄宗-李隆基
我有贵妃醉酒，她的"回头杀"很厉害，"回眸一笑百媚生，六宫粉黛无颜色"。

汉献帝-刘协
汉朝有四大才女,班婕妤、班昭、卓文君和蔡文姬。

唐宣宗-李忱
唐代有四大女诗人,李冶、薛涛、刘采春和鱼玄机。

汉武帝-刘彻
我们本来是PK的,怎么比着比着画风就这样了?

三国-曹操
偏题,果然是一个群永恒的主题。

宇宙第一群(422)

秦始皇-嬴政
没想到汉唐有这么多像的地方。

隋文帝-杨坚
政哥,我们两朝感觉也有不少共同点。

秦始皇-嬴政
哦?比如说?

隋文帝-杨坚
都结束了几百年的乱世，开启大一统的朝代。
国祚都短，但是影响力持续时间长，后面都出现了强盛长久的朝代。

秦二世-胡亥
这么一说还真有点儿像。😄

隋炀帝-杨广
还有还有，都建设过世界上最大的工程。

隋文帝-杨坚
对了，都毁在二世手里，最后为他人做了嫁衣。

隋炀帝-杨广
🍊

唐高祖-李渊
姨父，"他人"指的不会是我吧？🍊

十全宝宝-乾隆
@隋文帝-杨坚 杨总厉害啊，一句话就黑了两个人。

北周-宇文邕
@隋文帝-杨坚 为他人做嫁衣的是我吧？！

后周-柴荣
@北周-宇文邕 咱俩同病相怜。

北周-宇文邕
历史总是惊人的相似……

后周-柴荣
连做嫁衣都是同样的姿势……

新朝-王莽
不仅相似,有时还经常被翻拍……

涉及的知识点

○ 秦和隋也有很多相似的地方,比如存在时间都短,对后世都产生了长久的影响,后任都是强盛的王朝,都建过超级大工程(秦长城、隋大运河)……

○ 北周的宇文邕和后周的柴荣也有很多共同点,比如国号都是周,都是励精图治后英年早逝,最后都为他人做了嫁衣(杨坚代北周建立隋,赵匡胤代后周建立宋)。

宇宙第一群(422)

秦始皇-嬴政

> 初选投票
> 宇宙第一群管理员初选 ✅

秦始皇-嬴政

> 各位同学，初选系统来了，我先说一下规则哈。

"秦始皇-嬴政"开启禁言模式

秦始皇-嬴政

> 考虑到皇族内部关系复杂，为免因拉票撕破脸，初选投票采用完全匿名制。你们相互之间看不到谁投了谁，只有我能看到。每个人最多可以投两票，投给不同的人。

秦始皇-嬴政

> 报名管理员的共17个人，先按票数高低选出10个人进入决赛，最后再从10个人中选出3名管理员。

"秦始皇-嬴政"关闭禁言模式

三国-曹操

> 群主好厉害，群里也可以禁言。😳

> **秦始皇-嬴政**
> 这种操作，对我来说是小意思了。
>
> **唐睿宗-李旦**
> 对了政哥，自己可以看到投给谁吗？😒
>
> **秦始皇-嬴政**
> 看不到，这样可以避免情感绑架，比如让你截屏看是不是投了他。
>
> **唐中宗-李显**
> 群主英明！👍
>
> **秦始皇-嬴政**
> 大家开始投票吧，只能群里的成员投票噢，群外投票是自动无效的。

都说天家无父子，皇室无亲情，为了避免内讧和尴尬，这次的初选是完全匿名的。如果大家都能看到谁投给了谁，群里怕是要翻了天。大家都是人精中的人精，匿名的情况下，就算私聊时问起来，也能用演技搪塞过去。

于是，各家都开始拉票，不同朝代的拉票姿势各有不同。

比如汉朝是这样的：

> **宇宙第一群(422)**
>
> 汉高祖-刘邦 Bond
> 汉家子弟们动起来，前10名我们可以霸榜一下。💀
>
> 汉武帝-刘彻
> 后世所有以汉为国号的同学，大家都来支持一下。🍊
>
> 汉光武帝-刘秀
> 你一票，我一票，汉家霸榜能预料。😮
>
> 三国-刘备
> 大汉雄起，已投票。👍
>
> 三国-刘禅
> 大汉雄起，已投票。👍👍
>
> 后汉-刘知远
> 大汉雄起，已投票。👍👍👍👍👍
>
> 北汉-刘崇
> 大汉雄起，已投票。👍👍
>
> 南汉-刘䶮
> 大汉雄起，已投票。👍

第3集　管理员出来了

几位点赞的人合体触发了一个弯弓射箭的特效,来应援汉朝。虽然不知道这操作有什么用,但感觉好高级的样子。*

唐朝拉票的画风是这样的:

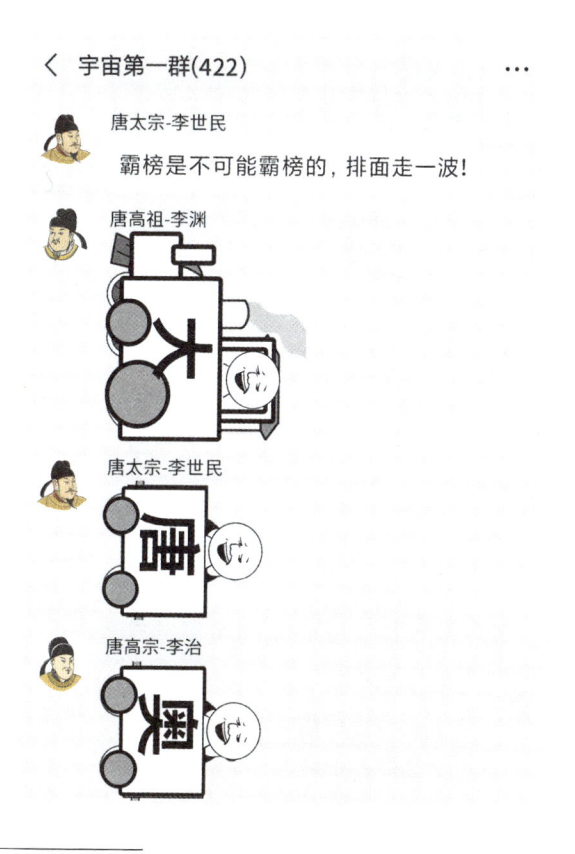

〈　宇宙第一群(422)　　　　　　　　　…

唐太宗-李世民
霸榜是不可能霸榜的,排面走一波!

唐高祖-李渊
[大]

唐太宗-李世民
[唐]

唐高宗-李治
[来]

＊关注趣哥公号"趣哥",查看动图效果。

武则天

唐玄宗-李隆基

唐太宗-李世民

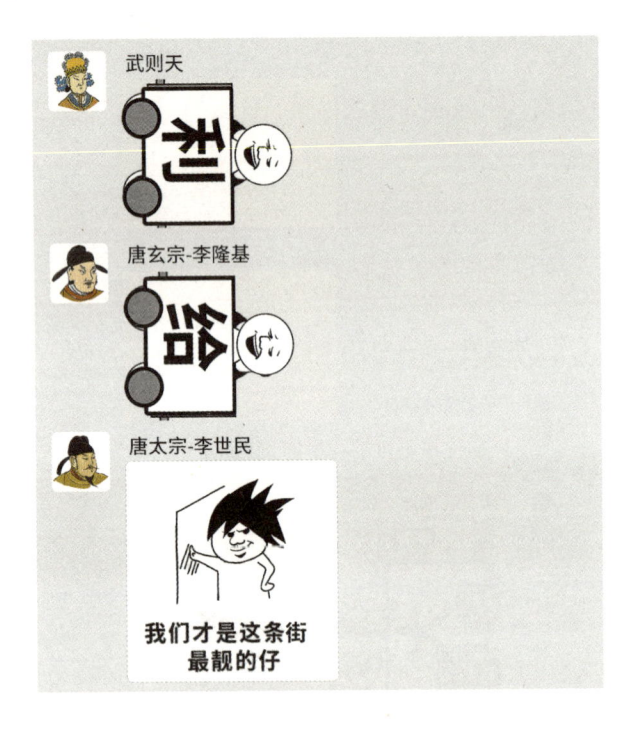

我们才是这条街最靓的仔

宋朝有钱任性，只是一味地发红包。

< 宇宙第一群(422)　　···

宋徽宗-赵佶

请大家多多支持

红包

第3集 管理员出来了

宋徽宗-赵佶
恭喜发财，大吉大利
红包

宋徽宗-赵佶
恭喜发财，大吉大利
红包

宋钦宗-赵桓
请大家多多支持
红包

宋钦宗-赵桓
恭喜发财，大吉大利
红包

金太宗-完颜晟
哈哈哈哈，这红包好大。😂

宋太祖-赵匡胤
哎哟喂，这几个败家孩子……

　　经过一段时间的投票后，初选的结果出来了。为了防止争吵和刷屏，嬴政再次开启禁言模式。

> **宇宙第一群(422)**
>
> "秦始皇-嬴政" 开启禁言模式
>
> **秦始皇-嬴政**
> 同学们,初选结果出来了。为了避免信息刷屏,先禁言几分钟哈。
>
> **秦始皇-嬴政**
> 进入初选的10人,按朝代顺序是:
> 汉朝:刘邦、刘彻、刘秀
> 隋朝:杨坚
> 唐朝:李世民、武则天
> 宋朝:赵匡胤
> 明朝:朱元璋、朱棣
> 清朝:康熙
>
> **秦始皇-嬴政**
> 下面是终选,所有人都可以投票。大家在下面的投票中选出自己喜欢的候选人,最后票数最高的3位将成为皇帝群的管理员。
> 👇

所以,管理员最终人选就在下面了。大家投票选出自己心中的管理员人选(可多选),票数最高的3位就是宇宙第一群的管理员。

投票结果

选出你心中的管理员人选（多选）

汉高祖-刘邦
4373票 9%

汉武帝-刘彻（已选）
5626票 12%

汉光武帝-刘秀
3645票 8%

隋文帝-杨坚
2218票 4%

唐太宗-李世民（已选）
9051票 20%

武则天（已选）
5100票 11%

宋太祖-赵匡胤
2392票 5%

明太祖-朱元璋
4278票 9%

明成祖-朱棣
3182票 7%

清圣祖-康熙
5017票 11%

本投票结果来自趣哥公众号，最终解释权归趣哥所有。

本篇部分内容来自庄苏谷，已获得授权。

第 4 集
开启者

宇宙第一群关于选管理员这件大事,终于尘埃落定了。那么,到底是哪三位皇帝获得投票最多、光荣胜出呢?下一阶段,群内话题又将如何开启?

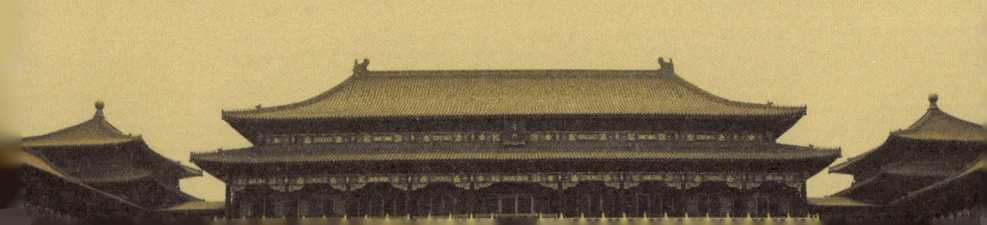

第4集 开启者

宇宙第一群(422)

"嬴政"关闭禁言模式

三国-刘禅
> 冒个泡
> 万一有人看上我呢🍊

三国-刘禅
> 大家能看到我的信息吗?

明武宗-朱厚照
> 哇喔,这群又活了。🥺

唐高宗-李治
> 政哥,是要宣布管理员结果了吗?🤔

三国-曹操
> 结果大家都知道了吧!🍊

秦始皇-嬴政
> 仪式感还是要有的。

秦始皇-嬴政

> **秦始皇-嬴政**
> 官宣：这三位同学入选管理员 @汉武帝-刘彻 @唐太宗-李世民 @武则天

在上一集中，大家对管理员人选进行了投票，最后的结果是：唐太宗第一、汉武帝第二、武则天第三。微信群最多设置三个管理，所以他们三个成为宇宙第一群的管理员。

> 几家欢乐几家愁
> 各家画风各不同

作为最大的赢家，唐朝的画风是这样的。

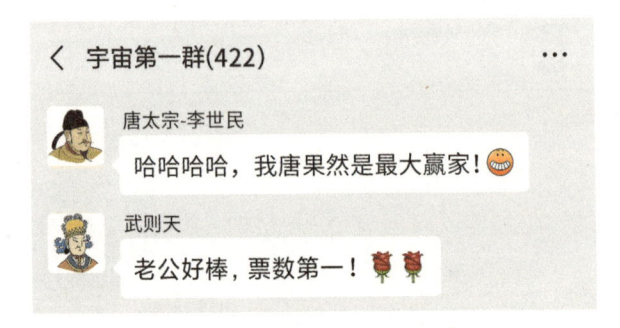

> 宇宙第一群(422)
>
> **唐太宗-李世民**
> 哈哈哈哈，我唐果然是最大赢家！😄
>
> **武则天**
> 老公好棒，票数第一！🌹🌹

唐玄宗-李隆基
奶奶也好棒,唯一女管理员!👍👍

五代-李存勖
恭喜巨唐,巨唐最牛!🙈🙈

南唐-李煜
恭喜巨唐,巨唐最牛!🙈🙈

新朝-王莽
恭喜恭喜,后生给力!

三国-曹丕
恭喜 +1

三国-刘备
鄙视楼上,名为汉臣,实为汉贼。😤

汉元帝-刘奭
就是,信不信武帝爷把你们两个踢出群?@新朝-王莽 @三国-曹丕

汉朝只有一人当选,看到篡汉二人组给唐朝打 call,汉室子弟通过 diss 王莽、曹丕来表达情绪。

刘邦也带头恭喜刘彻,至少排面上不能输。

宇宙第一群(422)

汉高祖-刘邦 Bond
恭喜彻儿，彻儿当选管理员可以说是实至名归。😊😊

汉文帝-刘恒
彻儿，你是最棒的!👍👍

明成祖-朱棣 Judy
邦哥，我想到一个英文名，特别适合武帝爷。@汉武帝-刘彻

汉高祖-刘邦 Bond
(⊙o⊙)啥?🤔

明成祖-朱棣 Judy
James Bond，中文谐音"真是棒"，你的英文名是 Louis Bond，这样从英文名也能看出你们是一家人。

汉高祖-刘邦 Bond
果然是取名鬼才。😂

汉武帝-刘彻
小朱是个人才。👍

唐玄宗-李隆基
楼上几位是在商业互吹吗?

在以前的剧集（见《趣说中国史》）中，朱棣给刘邦、曹操取过英文名。刘邦的英文名是 Louis Bond，对此他欣然接受，但是曹操拒绝接受。

隋唐常常并称，李世民排在第一，杨坚却排在倒数第一。

宇宙第一群(422)

隋文帝-杨坚
悲催，我排倒数第一！😂

北周-宇文邕
姓杨的，你也有今天！

新朝-王莽
杨老师被严重低估了。😂

隋炀帝-杨广
严重赞同！👍
我爹可是中华第二帝国的开创者，再造中华的人物。

隋文帝-杨坚
没有你这败家子，我的历史地位会高很多，何至于现在票数垫底！🎳

宋太祖-赵匡胤
杨总握个爪。🤝

宋太祖-赵匡胤
听说后世有个牛人把唐宗宋祖并称，结果我的票数排倒数第二！😂

"明成祖-朱棣 Judy" 撤回了一条消息

明成祖-朱棣 Judy
太难了！😷

第4集 开启者

明成祖朱棣随口说了句"比抢皇位还难",又觉得不妥,就紧急撤回了信息。

> **宇宙第一群(422)**
>
> **元世祖-忽必烈**
> 楼上撤回了什么见不得人的信息?
>
> **元顺帝-孛儿只斤·妥懽帖睦尔**
> **撤回也没用 我看到了**
>
> **明成祖-朱棣 Judy**
> **看到也没用
> 我还是撤回了**
>
> **明惠宗-朱允炆**
> **撤回也没用
> 我已经截屏了
> 我还要告诉皇爷爷**

明成祖-朱棣 Judy

明太祖-朱元璋
大明无一人入选管理员，你俩还有心情在那儿瞎吵吵！😠

< 宇宙第一群(422)　　　　···

秦始皇-嬴政
好了，管理员人选已经尘埃落定，宇宙第一群即将开启第二阶段。

明太祖-朱元璋
第二阶段？

明成祖-朱棣 Judy
还有第二阶段？🍊

新朝-王莽
怎么有点儿漫威宇宙的感觉。😂

秦始皇-嬴政
第二阶段由刘彻来开启。@汉武帝-刘彻

秦始皇-嬴政
小刘来吧。@汉武帝-刘彻

汉武帝-刘彻
好的,政哥。

汉武帝-刘彻

第二阶段 🟢

汉武帝-刘彻
第二阶段已开启。

秦始皇-嬴政
我说的开启,是指第二阶段第一集,你是主角。

汉武帝-刘彻
😄😄

三国-刘禅
哈哈哈哈,这一段莫名有点儿搞笑!

武则天
是啊,还有点儿萌。

> **秦始皇-嬴政**
> 听说你做的很多事对后世影响巨大，刚好可以给大家介绍一下。

> **汉武帝-刘彻**
> OK, get 了！✓

汉武帝的风格大开大合，极具开创性，所以让他开启宇宙第一群第二阶段再合适不过。

欢迎进入宇宙第一群第二阶段

第4集 开启者

< 宇宙第一群(422)　　　　　…

汉武帝-刘彻
那开始了哈,大家猜猜这是我做的哪件事?

汉武帝-刘彻
[图:一人持40米大刀劈砍番薯]

汉章帝-刘炟
40米大刀,难道是北击匈奴?

汉和帝-刘肇
+1!

明惠宗-朱允炆
应该是削藩吧,番薯代表藩王,腰上挂的令牌表示推恩令。

汉武帝-刘彻
这位同学可以啊!👑👑

汉武帝-刘彻
是不是被藩王伤害过?

明惠宗-朱允炆
😭😭

宇宙第一群(422)

唐宪宗-李纯
推恩令确实是神政策,原先由嫡长子继承诸侯的所有土地,变成其他儿子也可以分到一部分,这样大的诸侯国就被越分越小了。

唐代宗-李豫
这是顶级的"阳谋"啊,明知道要削你,却没什么办法!

唐宪宗-李纯
而且诸侯的小儿子们心甘情愿地帮朝廷实施推恩令。😊

三国-孙权
中山靖王刘胜有120多个儿子,难怪刘备出场的时候只能卖草鞋了。😂

汉文帝-刘恒
孙儿干得漂亮,解决了困扰大汉几十年的问题!👍👍

汉景帝-刘启
儿子很棒,想起了当年为父削藩……还好七国之乱3个月就平定了。🍊

第4集 开启者

汉武帝-刘彻
谢谢爷爷和老爸为削藩打下的基础,不然推恩令也没有那么容易实施。

唐宪宗-李纯
削藩太难了,削不好就是藩镇割据,尾大不掉。

明惠宗-朱允炆
太难了,一不小心还可能把自己都削没了……😭

康熙-玄烨
属实不易,三藩之乱我也是花了8年时间才平定。🍊

涉及的知识点

◎ 西汉初期,因为一些原因,刘邦分封了一批诸侯王。这些诸侯加起来,控制的领土比皇帝的还要大,所以西汉的多位皇帝都或明或暗地进行削藩。汉文帝并没有大张旗鼓地削,而是在诸侯王死后,把他的几个儿子全部封王,每个人都分一块地,不动声色地削了几个大国。汉景帝时开始推行"削藩策",结果引起了七国之乱。叛乱平定后，汉景帝趁势收回诸侯国的很多权力，削弱了诸侯王的势力。

◎ 等到汉武帝上位，在文帝、景帝两代的基础上，用推恩令彻底解决了诸侯王国的问题。以前，诸侯国的领土由嫡长子全部继承，其他儿子什么都没有。推恩令推出后，诸侯王的其他儿子也可以分到王国的一部分土地，这样王国就越分越小，对朝廷也就构不成威胁了。而且，诸侯的小儿子们可以分到一块土地，都会支持推恩令，实施的阻力就会小很多。所以有人说推恩令是赤裸裸的"阳谋"——把怎么对付你的细节都告诉你，但你就是没办法。

◎ 历史上有4次比较出名的削藩，两次成功，两次失败。西汉削藩前前后后历经几代帝王，是成功的一次；唐代后期藩镇割据，也是历经好几代，但最后还是被藩镇所灭；明代朱允炆对叔叔们进行削藩，结果被朱棣取代；清朝入主中原的时候，曾经封过吴三桂等3个藩王，后来康熙下令撤藩,花了8年时间才平定三藩之乱。综看这4次削藩,只有50%的成功率,所以说削藩真是一个技术活。

〈 **宇宙第一群(422)** ...

汉武帝-刘彻
可能大家的情况都不一样,对我来说,打匈奴比削藩难多了。
我在位55年,跟匈奴就打了44年。

明成祖-朱棣Judy
武帝的北击匈奴,是我们中原王朝的高光时刻。🐮🐮🐮

南朝-刘裕
是的,霍去病一路向北打了两千多里,直接把匈奴打穿,真正的气吞万里如虎。🐯

南朝-刘义隆
霍将军是我偶像,一直想达成他封狼居胥的成就。

宋宁宗-赵扩
结果赢得了仓皇北顾!😓

南朝-刘义隆
🍊🍊

> **秦始皇-嬴政**
> @汉武帝-刘彻 小刘很棒,手动点赞!👍👍

> **秦始皇-嬴政**
> 匈奴在战国时期就是祸患,修万里长城也是为了防止匈奴南下。

涉及的知识点

◎ 汉武帝干过很多大事,北击匈奴是大事中的大事。西汉初期,匈奴就像一朵巨大的乌云横在汉朝的头上,无论是疆域面积还是国力都碾压汉朝。经过文景之治的积累,武帝开始反击匈奴。最高光的时刻,霍去病一路向北两千多里,把匈奴从南到北打穿,然后在狼居胥山祭告天地,给后世留下一个"封狼居胥"的小目标。

◎ 南北朝时期,南朝的刘义隆多次北伐,也想达成"封狼居胥"的小目标,却被北魏战神拓跋焘打得大败,北魏兵一路追击直抵长江,拓跋焘达成饮马长江的成就。后世的辛弃疾忍不住吐槽刘义隆:"元嘉草草,封狼居胥,赢得仓皇北顾。"

❮ 宇宙第一群(422) ···

明太祖-朱元璋
在这一环节,汉朝的人怎么都不冒泡,是因为点赞要避亲吗?🍊 @汉高祖-刘邦 Bond

汉高祖-刘邦 Bond
哈哈哈哈,点赞不避亲,彻儿打残匈奴可以说给我出了一口恶气!😁👍

汉高祖-刘邦 Bond
想当年,我被冒顿单于围在白登山七天七夜,通过贿赂单于的老婆才脱险。这之后,汉家对匈奴只能采取和亲政策。

汉文帝-刘恒
这一和亲就是70年。

汉景帝-刘启
70年的忍辱负重!
70年的休养生息!

汉武帝-刘彻
终于,在我手里攻守易形了。🍊

唐太宗-李世民
楼上几位这是要诗朗诵了吗？😄

涉及的知识点

◎ 刘邦曾经被匈奴单于围在白登山七天七夜，脱险之后，刘邦对匈奴采取了和亲政策，大概持续了70年。

< 宇宙第一群(422)　　　…

五代-柴荣
卫、霍二人曾把匈奴按在地上摩擦，可惜霍将军比我还英年早逝，给了匈奴喘息的机会。

北周-宇文邕
自古名将如美人，不许人间见白头，叹息……

汉宣帝-刘询
后来匈奴内乱，同时出现了5个单于，打到最后剩下两个，有一个跑来对汉称臣了。

汉元帝-刘奭
还有一个被我们干掉了,"明犯强汉者,虽远必诛",这句话就是陈汤诛杀郅支单于后说的。

汉武帝-刘彻
哈哈哈哈,这句话很爽,非常符合大汉的气质!👍👍👍

新朝-王莽
这句话都被后世转爆了,听说现在还很火。

汉宣帝-刘询
哈哈哈哈!"凡日月所照,皆为汉土,江河所至,皆为汉臣。"

明成祖-朱棣 Judy
太燃了,这就是大汉气度!💪💪

宋徽宗-赵佶
这两句话让人莫名想跪!👍👍

明武宗-朱厚照
大汉牛气,请收下我的膝盖!🤙🤙

宋太祖-赵匡胤
武帝就是武帝,太能打了!

> **汉昭帝-刘弗陵**
> 我爹在位时疆域整整扩大了一倍,从200多万平方千米打到400多万平方千米,奠定了汉朝的基本范围。

> **汉宣帝-刘询**
> 后来西域也纳入汉朝版图,面积达到了600多万平方千米。

> **汉高祖-刘邦 Bond**
> 不错不错,你们都是汉家好儿郎!

涉及的知识点

◎ 卫青和霍去病是大汉帝国的双子星,共同打造了汉朝反击匈奴的高光时刻。尤其是霍去病,堪称是大汉的"外挂",可惜年仅24岁就去世了。卫、霍相继离世后,匈奴又慢慢扳回了一些劣势。

◎ 汉宣帝时期,匈奴出现了5位单于争位,打到最后剩下呼韩邪单于和郅支单于两个。呼韩邪单于跑去见汉宣帝,对汉称臣;而郅支单于不服汉朝，被陈汤干掉。在给汉元帝的上书中，陈汤说了一句"明犯强汉者，虽远必诛"，霸气值爆表。

◎ 汉朝还有一句霸气的话，"凡日月所照，皆为汉土，江河所至，皆为汉臣"。关于这句话的出处有争议，其中一种说法是出自汉宣帝的定胡碑。

◎ 秦朝末年，中原大乱，很多秦始皇打下来的地方，又重新独立出去。所以西汉建立时，领土面积比秦朝要小很多，只有200多万平方千米。后来汉武帝渐渐收复了秦末失去的土地，又扩展了新的领土，西汉的疆域扩大到400多万平方千米，同时把势力范围延伸到西域。到汉宣帝时期，西域纳入汉朝版图，面积达到600多万平方千米。

宇宙第一群(422)

汉武帝-刘彻
@汉宣帝-刘询 做得很棒！丝绸之路后来发展得怎么样？

汉宣帝-刘询
回曾祖，西域并入大汉之后，丝绸之路迎来了大发展时期，东西方商贾往来不绝于道。

明武宗-朱厚照
丝绸之路开拓于汉武，繁荣于汉宣，中断于王莽。

汉武帝-刘彻
不是吧？就持续了这么短的时间？

新朝-王莽
只是暂时中断好吗？丝绸之路可是断断续续延续了两千多年！

汉明帝-刘庄
中断了58年好不好？班超收复西域之后，又重新打通了。

康熙-玄烨
太厉害了！武帝出品的东西保质期都相当长啊！

> **隋炀帝-杨广**
> 这点跟我比较像。😢 @汉武帝-刘彻

> **汉武帝-刘彻**
> 大佬,求不黑。🍊 @隋炀帝-杨广

---- **涉及的知识点** ----

◎ 汉武帝时期,张骞出使西域,开辟了丝绸之路。汉宣帝时,西域并入汉朝,丝绸之路迎来繁荣。王莽篡汉,西域各国断绝了和王莽的联系,丝绸之路中断。

◎ 到了东汉,班超收复西域之后,丝绸之路又重新打通。此后,丝绸之路又经历几次兴起和衰落。

〈 宇宙第一群(422)

隋文帝-杨坚
五铢钱的流通时间也很久，我们隋朝用的也是五铢钱。

十全宝宝-乾隆
后来 @ 唐高祖 - 李渊 铸造开元通宝，五铢钱才退出历史舞台，从汉代到唐代一直流通了 700 多年。

十全宝宝-乾隆
咦，这一集唐人都不怎么冒泡啊？

宋徽宗-赵佶
估计是前几集汉唐的意气之争，难免有些尴尬吧？

康熙-玄烨
果然是艺术家，还能捕捉到这样的细节。

宋徽宗-赵佶
五铢钱流通700多年算短了，听说武帝的有些创举持续了两千多年。

隋文帝-杨坚
有没有后世的小朋友出来印证一下？

康熙-玄烨
@宣统-溥仪 出来说说看，还有@新朝-王莽，他是穿越的，应该也了解。

新朝-王莽
来了!

新朝-王莽

新朝-王莽
"罢黜百家,独尊儒术"也是影响巨大,儒家的影响力不仅持续至今,而且跨越国界。

明太祖-朱元璋
光这一项就已经很牛了!👍

宣统-溥仪
还有年号,武帝首创年号之后,以后的帝王都有年号,也是持续了两千多年。

明太祖-朱元璋
明朝以前的很多大佬有多个年号,我建立明朝后,改成一位帝王任期内一般只用一个年号了。🍊🍊

明成祖-朱棣Judy
武帝做事大开大合,可以说是封建制度的总设计师了。

> 康熙-玄烨
> 用"雄才大略"四个字形容武帝,太合适了!

涉及的知识点

◎ 汉武帝采纳了董仲舒的建议,罢黜百家,独尊儒术。从此,儒家思想几乎影响了此后的每一个王朝,深刻塑造了中国人的性格,影响力辐射整个中华文化圈。

◎ "年号"也是汉武帝首创,一直持续到清朝。历史上第一个年号是汉武帝的"建元",最后一个年号是溥仪的"宣统"。明朝以前,很多帝王有多个年号,比如汉武帝和武则天都有十几个年号。明朝之后,一位皇帝大多只有一个年号,所以人们改用年号来称呼皇帝,比如康熙、乾隆,都是其年号。

◎ "雄才大略"四个字出自《汉书·武帝纪赞》,

是专门用来形容汉武帝的。

最后再总结一下,汉武帝做过的大事,上面群聊中提到的有:

- 颁布推恩令,消除诸侯王的威胁。
- 北击匈奴,解决北部的边患。
- 开疆拓土,疆域扩大了一倍。
- 开辟丝绸之路,使之成为东西方文明交流的通道。
- 铸造五铢钱。
- 罢黜百家,独尊儒术。
- 建立年号。

因为篇幅所限,上面提到的只是汉武帝成就的一部分,汉武帝还做了很多其他的事,有兴趣的同学可以自行了解。

汉武帝是一位有争议的皇帝,群聊中提到的更多是他的功劳(群聊的氛围也不适合讲他的过失),事实上,他的过失也有不少：

比如巫蛊之祸，皇后和太子都被逼死了。

比如穷兵黩武，北击匈奴和开疆拓土听起来很爽，但是巨大武功的背后是百姓无法承受之重。

……

第5集
开挂者

　　汉武帝是封建制度的主要设计师之一，在位50多年，干了很多大事。

　　汉武帝是开场嘉宾，接下来，就是大唐的管理员登场了。

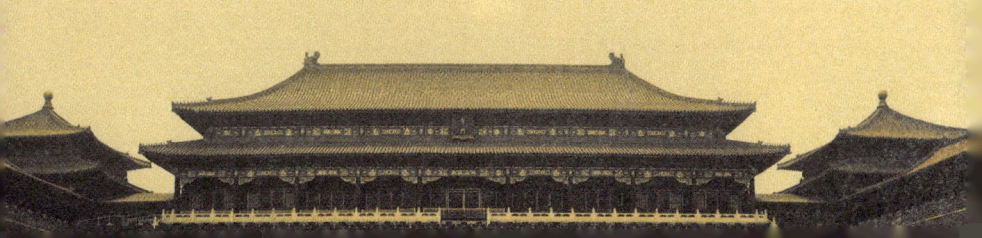

> **宇宙第一群(422)**

唐太宗-李世民
接下来到我们大唐了吧?

唐高宗-李治
终于到我父皇上场了。😱😱

唐睿宗-李旦
谢谢 5D 的暖场,终于到我爷爷上场了。🍑🍑

汉武帝-刘彻
有没有搞错?暖场?🙄

三国-刘禅
呵呵,脱口秀演员说话都这么搞笑的吗?🍊

唐睿宗-李旦
惹不起,溜了溜了。🏃

唐睿宗-李旦

三国-刘备
不要跑,我 2D 和 3D 的大刀已经饥渴难耐了。🗡

◎ 5D=武帝,2D、3D是指刘备的二弟关羽和三弟张飞。

> **〈 宇宙第一群(422)　　　　…**
>
> **唐高宗-李治**
> 恕我直言,论文治武功,我老爸一个人就干了韩信+汉文帝+汉景帝+汉武帝的活儿。
>
> **唐玄宗-李隆基**
> 哈哈哈哈,爷爷这个总结厉害了。👍👍
>
> **武则天**
> 666,给老公疯狂打call。📞📞
>
> **三国-刘备**
> 楼上吹得有点过了吧?

◎ 唐太宗是群里排前三的帝王,有一种说法,唐太宗一个人就干了韩信、汉文帝、汉景帝、汉武帝的活儿。接下来的两集,我们会为你讲述唐太宗的故事。

宇宙第一群(422)

汉高祖-刘邦 Bond
这个有点儿夸张了吧?你爸这么厉害,何不上九霄?

汉文帝-刘恒
对啊,咋不上天,和太阳肩并肩?😏

汉景帝-刘启
休养生息就得几十年,这个阶段绕不过去的。

汉武帝-刘彻
@唐高宗-李治 年轻人,我允许你重新组织一下语言!👉

唐高宗-李治
各位大佬,我是老实人,说的都是实话。😂

唐高宗-李治
我老爸文治武功都是最高级,管理员投票高居第一不是没有道理。😌

唐宣宗-李忱
太宗威武,身在中晚唐,特别怀念太宗时期……

唐宣宗-李忱
那时的大唐正值青春,就像一个迎着朝阳奔跑的少年……

第5集 开挂者

唐玄宗-李隆基
是的是的,我曾祖可是开挂般的存在,爽文大男主,玛丽苏本苏。😱

汉高祖-刘邦 Bond
你们这些小年轻,网络词汇一套一套的。

汉武帝-刘彻
进入正题吧,我倒想看看 @唐太宗-李世民 牛在哪儿。

---涉及的知识点---

◎ 唐宣宗是唐朝中晚期的一位有为之主,被称为"小太宗",他的大中之治也被称为"小贞观"。

< 宇宙第一群(422) ···

唐玄宗-李隆基
我曾祖16岁的时候,就用疑兵之计解了雁门之围,救出被突厥人围困的隋炀帝,展现出惊人的军事才能。

新朝-王莽
我的天!16岁还是读高中的年纪啊😲,这真的是不得了!

唐玄宗-李隆基
先别打岔哈,我一口气说完。

唐玄宗-李隆基
18岁在晋阳起兵,开始创业。
接下来几年,4场大战灭掉5个割据势力,统一中国北方。
22岁平定中原,打败窦建德、王世充两大争天下的对手,被封为天策上将。

唐玄宗-李隆基
这是我曾祖开国阶段的经历,高度浓缩版。

三国-曹操
这也太浓缩了,有点儿不够看。

唐高宗-李治
大家看看,我爸之于唐朝,跟韩信之于西汉,相比毫不逊色吧?

宋太祖-赵匡胤
大写加粗的
牛气

三国-曹丕
这么看,跟韩信还真有点像……

明太祖-朱元璋
韩信"王侯将相"都做过,太宗是"帝王将相"都做过,都是通关型选手,这点也比较像。😁

明成祖-朱棣 Judy
听说后世有一位伟人说过:"自古能军无出李世民其右者,其次则朱元璋耳。"可想而知,太宗的军事能力有多逆天。👍

新朝-王莽
阁下这"彩虹屁"吹的,一句话捧了两个人,有一个还是自己的老爹。😂

汉宣帝-刘询
跟霍去病也有点像,都是少年英才!

涉及的知识点

◎ 隋朝末年,隋炀帝杨广巡游北疆,被十几万突厥骑兵围在雁门。赶来救驾的李世民当时只有16岁,他用疑兵之计,巧妙地营造出有大批军队赶来勤王的假象。突厥可汗有个老婆是隋朝公主,公主派人告诉可汗:北部边境告急。在各种因素的作用下,突厥可汗最终退了兵。雁门之围让杨广萎靡不振,加上隋朝的天下已经动荡,不久之后,杨广跑到江南终日用酒和女人麻醉自己,直到被宇文化及杀掉。

◎ 18岁的时候,李世民劝父亲李渊在晋阳起兵,从此开始了大唐创业的征程。短短几年间,李世民带队灭掉了多个割据势力,统一了北方和中原。尤其是虎牢关之战,面对王世充和窦建德两大对手的联合攻击,李世民打败并生擒了他们,奠定了李唐统一天下的基础。

◎ 韩信"王侯将相"都做过(楚王、淮阴侯、汉军大将、左丞相),是人臣之最。李世民"帝王将相"都做过(唐太宗、秦王、天策上将、尚书令),是帝中之最。

◎ 毛主席曾评价李世民的军事能力是帝王之中最厉害的:自古能军无出李世民之右者,其次则朱元璋耳。

◎ 李世民和霍去病有不少相似的地方——同样都是十几岁出道，出道就是巅峰状态，然后在接下来的四五年时间里，高密度输出惊人战绩，成为神一般的存在。

> **< 宇宙第一群(422)**
>
> **唐高宗-李治**
> 而且我老爸的个人武力值非常高，可以达到大天位。
>
> **五代-李存勖**
> 大天位？难道高宗也看《不良人》？
>
> **唐昭宗-李晔**
> 群里能达到大天位的不多吧！
>
> **明太祖-朱元璋**
> 宋太祖应该算一个，他的功夫老厉害了。
>
> **宣统-溥仪**
> 是的，太祖长拳和太祖盘龙棍对后世影响很大，在我的年代都有很大影响。
>
> **宋太祖-赵匡胤**
> 谢谢两位大佬捧场！

宋太祖-赵匡胤

江湖最高礼仪抱拳

新朝-王莽
唐宗宋祖常常并称,没想到两位还都是武林高手。

南朝-刘义隆
我老爹也特别能打,应该算一个!✋

宋神宗-赵顼
求证一下,《资治通鉴》上说@南朝-刘裕 曾经一个人打一千个人,真的假的?😂

三国-曹操
我的天,这个厉害了,求证+1。😆

晋武帝-司马炎
求证+1。

南朝-刘裕
大佬们,这个以史书为准哈。

三国-刘禅
厉害了,还有更猛的吗?😀

―― 涉及的知识点 ――

◎《资治通鉴》由北宋司马光主编,成书于宋神宗时期。《资治通鉴》上记载刘裕是个超级猛人,曾有过一人对打一千个人的辉煌战例。

〈 宇宙第一群(422)　　　　　　…

宋神宗-赵顼
太宗说他的弓箭,搭配尉迟恭的马槊,两人配合是无敌状态,百万大军都拿他俩没办法。

隋炀帝-杨广
这吹得都没边了。

宋太祖-赵匡胤
@唐太宗-李世民 大佬,这真的假的?

唐太宗-李世民
🔊 35″

哈哈哈哈，年轻的时候我经常拿自己做诱饵，到敌人的营前挑战，大喊一声：我是秦王，有本事来抓我啊……对方见我只有几个人，就会大举出骑兵来追我。这时逃跑就很有技巧了。你既不能跑得太快，让他们过早放弃追杀，也不能跑得太慢，这样就玩脱了。

唐太宗-李世民
🔊 30″

我善于射箭，可以远程射杀敌人，就算在战场上，绝大部分人也是怕死的，百发百中的箭术可以不让追兵追得太近。有一些不怕死追得近的，尉迟恭可以用马槊干掉他们。就这样直到把他们引入埋伏圈，然后把他们团灭。

明太祖-朱元璋

太宗太牛了，一般人真不敢这么玩！😅

第5集 开挂者

> **元太祖-成吉思汗**
> 都是干货,这实操值得学习。👍

> **明武宗-朱厚照**
> 哈哈哈哈,真的好厉害!好厉害!
> 👍👍

---**涉及的知识点**---

◎ 李世民的箭术很厉害,他曾对尉迟恭说:"吾执弓矢,公(尉迟恭)执槊相随,虽百万众若我何!"有时他会带几个随从到敌人阵前去引战,大喊"我是秦王",然后引来一大波敌人追击,直到把他们引入埋伏圈,一举歼灭。这样的行为,他做过不止一次。

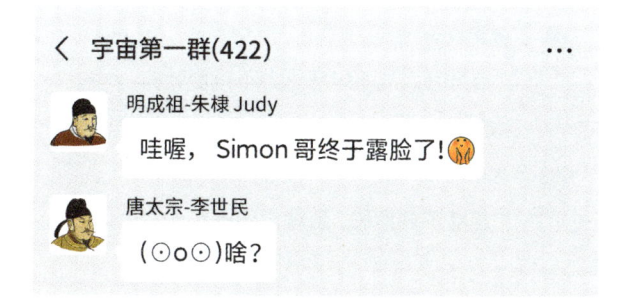

< 宇宙第一群(422) ...

> **明成祖-朱棣 Judy**
> 哇喔,Simon哥终于露脸了!🙊

> **唐太宗-李世民**
> (⊙o⊙)啥?

明成祖-朱棣 Judy
我给你起的英文名,觉得咋样?😆

唐太宗-李世民
这读音不太像啊!

明成祖-朱棣 Judy
用粤语来读就一模一样了。

唐太宗-李世民
哈哈哈哈,果真取名鬼才。😂

唐太宗-李世民
好感度+1

隋文帝-杨坚
这一段怎么变成你俩的私聊了?🍊

明成祖-朱棣 Judy
Simon哥怎么到现在才露脸?这一集你是主角啊!

唐太宗-李世民
自夸有点儿不好意思,不符合我的人设。

隋炀帝-杨广
自夸不好意思,那就自黑吧!

> 三国-刘禅
>
> 哎哟
> 砸场子的来了

刘禅敏锐地捕捉到话风不对，在看热闹上，很显然他是有天赋的。

〈 宇宙第一群(422)

> 唐太宗-李世民
> 我的黑点主要就是玄武门之变，没什么不可以说的。

> 唐太宗-李世民
> 大家有啥想吐槽的，可以直接说哈！

> 宋太祖-赵匡胤
> 太宗大气，果然是有虚心纳谏的风范。👑

> 唐太宗-李世民
> 魏征老当面怼我，习惯了。

明成祖-朱棣 Judy
大唐气象能够如此包容，跟Simon哥的个人魅力有很大的关系。

隋炀帝-杨广
唐代惨烈的宫廷斗争也和他有很大的关系。😌

汉武帝-刘彻
唐朝的政变真的是传统节目了，我们汉朝人都有听说。

汉文帝-刘恒
好奇问一句，唐代发生了几次宫廷政变？

宋高宗-赵构
岂是用"几"可以形容的？😂

宋高宗-赵构
有唐一代，导致皇位更替的政变就有十五六次，大部分太子都没有顺利上位……

宋理宗-赵昀
这是玄武门之变的魔咒吗？🏀

新朝-王莽
玄武门之变开了个头，后面的都有样学样了。

三国-刘禅
果然,人类的本质是复读机。

隋炀帝-杨广
李唐皇室真是有活力啊,整天斗来斗去的。这要拍成家庭伦理剧,估计都播不了。

唐太宗-李世民
大佬们,我就客气客气,你们还真吐槽啊!

涉及的知识点

◎ 在玄武门之变中,李世民杀掉哥哥李建成(嫡长子),逼父亲李渊退位,夺取了大唐的最高权位。这之后,一直到开元盛世的100多年间,唐朝没有一个嫡长子继承皇位,绝大多数皇位的更替都伴随着宫廷政变和腥风血雨。比如唐玄宗李隆基,就是在政变中长大的,他自己还发起了两次政变。

李世民的故事未完待续,敬请期待下一集……

第6集
别人家的孩子

　　历史上的牛人，有的可以开挂一阵子，但是李世民却开挂了一辈子。他从十几岁创业，到五十几岁驾崩，没有一个阶段是虚度的。

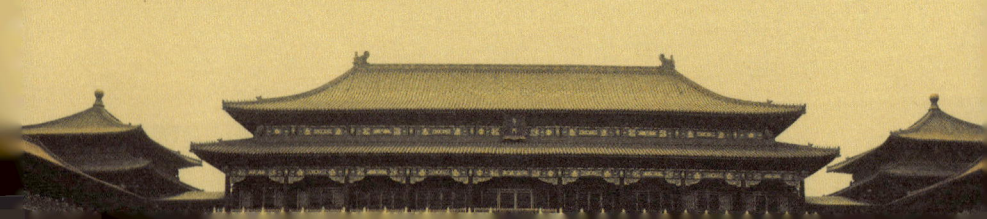

第6集 别人家的孩子

李世民本想客气一下,结果被几位皇帝一顿吐槽,搞得有点下不来台。那么,大唐会如何应对呢?

〈 宇宙第一群(422)　　　…

南唐-李煜
没想到太宗也成了被吐槽的对象。😅

唐高宗-李治
论槽点,我老爹算少的吧,楼上的哪个不是槽点满满?

汉文帝-刘恒
不要无差别攻击,好吗?🙄

唐宣宗-李忱
"可怜夜半虚前席,不问苍生问鬼神"了解一下。

南唐-李煜
楼上几位都是《吐槽大会》嘉宾的绝佳人选,旦总可以邀请一下。😋 @唐睿宗-李旦

五代-李存勖
哈哈哈哈,有的槽点太多,估计一集还不够看。😛

唐睿宗-李旦
安排安排,楼上几位这么热衷吐槽,干脆来我的节目吧。🐻

> 汉武帝-刘彻
> 李唐子孙还真是有出息，不声不响就完成了反击。

> 隋炀帝-杨广
> 他们黑别人是很厉害的啦！

通过几句戏谑调侃，几位李同学也回怼了一把吐槽唐太宗的大佬。听到别人说自己是李唐子孙，李存勖和李煜心中暗爽，也没有辩解。

涉及的知识点

◎ 汉文帝相对来说槽点比较少，"可怜夜半虚前席，不问苍生问鬼神"，是唐代诗人李商隐吐槽汉文帝的一句诗，完整诗句如下：

> **贾生**
> 宣室求贤访逐臣，贾生才调更无伦。
> 可怜夜半虚前席，不问苍生问鬼神。

第6集 别人家的孩子

宇宙第一群(422)

唐太宗-李世民
别拉上其他人,就只有你好吗?!

唐高祖-李渊
表弟,你这招黑体质,我们也没有办法。😒

隋炀帝-杨广
真是脸皮厚!没有我打下的基础,哪会有你们的李唐盛世!

唐高祖-李渊
你看看你,还说不招黑?🍊

唐高祖-李渊
你翻翻地图,隋朝末年,整个天下都碎成玻璃渣了。18路反王,64处烟尘,史书上统计到的起义军数量就有130支,"自古以来,未有如隋室丧乱之甚"。

宋太祖-赵匡胤
隋末人口开始急剧下降,从最初的5000多万,直接降到唐初的1000多万。🍊

明武宗-朱厚照
我的天!这人口下降得……比灭霸打响指还狠。🐒🐒

123

三国-刘禅
相当于打了两次响指。🙈🙈

唐太宗-李世民
当时中原乱成一锅粥，四周又有强敌虎视眈眈，尤其是北边的突厥，"控弦百余万，北狄之盛，未之有也"。

晋元帝-司马睿
熟悉的画面，熟悉的味道……

晋愍帝-司马邺
瑟瑟发抖……😨

隋炀帝-杨广
嗯……我说的基础，是指隋朝的制度，还有开凿的大运河这些。

唐太宗-李世民
唐承隋制不假，不过你砸出来的"坑"确实是太大。

< 宇宙第一群(422)　　　　　　　…

汉高祖-刘邦 Bond
后来这个"坑"是咋填上的？🍊

唐玄宗-李隆基
我在上一集有说到一些，太宗劝高祖在晋阳起兵，然后太宗带队统一了北方，李孝恭和李靖平定南方，花了7年时间基本统一全国。

汉光武帝-刘秀
速度这么快……

汉高祖-刘邦 Bond
我统一也是花了7年时间，不过消灭异姓王又花了7年时间。

宣统-溥仪
唐的统一速度是群里最快的。

──── 涉及的知识点 ────

◎ 在大一统的王朝中，唐朝的统一速度是最快的，从晋阳起兵到统一全国，只花了7年时间。

< 宇宙第一群(422)　　　　…

宋太祖-赵匡胤
而且进入治世的时间也快，统一没两年，就开启了贞观之治。

唐宣宗-李忱
贞观是个特别让人怀念的时期，"路不拾遗，夜不闭户，马牛布野，囹圄常空"。

宋神宗-赵顼
《资治通鉴》里有个故事很牛。据说，有一年太宗放290名死囚回家处理后事，约定来年秋天回来问斩。结果第二年秋天，290名死囚全部回来候斩。太宗大为感动，把他们全都赦免了。

汉武帝-刘彻
这真的假的？

宋神宗-赵顼
最少的一年，全国被判死刑的才29人。

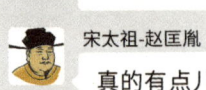

宋太祖-赵匡胤
真的有点儿不可思议，想想不久前还是人人自危、几千万人死亡的大乱世。

明成祖-朱棣 Judy
Simon哥厉害了，以一己之力把乱世扭转成治世。

五代-柴荣
膜拜膜拜，我定的三个十年小目标，跟太宗比只能算是低配版。

五代-柴荣

涉及的知识点

◎ 贞观时期的社会治安很好，"路不拾遗，夜不闭户"，最开始就是用来描述贞观之治的。经济开始复苏，"马牛布野"。犯罪率达到封建社会的最低点，"囹圄常空"。贞观以前，人们提到理想社会，会想到传说中的尧舜时期。贞观以后，贞观之治便成了人们心中的理想社会。

◎ 柴荣是五代十国时期的雄主，曾定下三个十年的小目标，"以十年开拓天下，十年养百姓，十年致太平"，可惜英年早逝，王朝被赵匡胤接管。

〈 宇宙第一群(422) ···

唐太宗-李世民
大佬们过奖了！😆 也不是我一个人的功劳，我的男团也做出了很大的贡献。

五代-李存勖
男团？太宗说的是LYG24吗？

唐太宗-李世民
哈哈哈哈,这个团名可以的。

宣统-溥仪
凌烟阁二十四功臣真的是群星璀璨。✨太宗用人唯才,打造了最强名臣集合。👍

宣统-溥仪
长孙无忌、房玄龄、杜如晦、魏征、李靖、李勣、尉迟恭、秦琼、程咬金、侯君集……
很多名字在1000多年后依然家喻户晓。🤓

宋太祖-赵匡胤
厉害了,贞观天团,君臣都是顶配!👍

宣统-溥仪
而且24人中大部分都善终,平均寿命超过60岁。

汉光武帝-刘秀
不杀功臣这一点,跟我倒比较像。🍊

LYG24= 凌烟阁二十四功臣。

涉及的知识点

◎ 凌烟阁24位大佬中，除了侯君集、张亮因为谋反被杀，长孙无忌在唐高宗时被贬自缢，其余的人都得到了善终。

< 宇宙第一群(422) ⋯

隋炀帝-杨广
房玄龄和侯君集不是隋朝科举选出来的吗？怎么跑你们那边了？

隋炀帝-杨广
李靖也在里面……🍊

唐太宗-李世民
良禽择木而栖，有什么好大惊小怪的？😛

隋文帝-杨坚
唉，感觉自己就像一个打工仔，净给李唐盛世打工了。🎱🎱

隋炀帝-杨广
+1。这回还当了一把HR。🍊

唐太宗-李世民
快别卖惨了好吗？！😒

唐太宗-李世民

🔊 40″

房玄龄、侯君集虽然是隋朝进士，但是终隋一世也没有受到重用，到我这儿之后才开始走上职业生涯巅峰的。

李靖就更不用说了，他舅舅韩擒虎是隋朝名将，老早就很赏识李靖，认为诸多后辈中"可与论孙、吴之术者，惟斯人矣"。当年你和韩擒虎一起平定陈朝，就从没听韩夸过他这个外甥？😶😶

隋亡的时候李靖都快 50 岁了，这么个人才摆在面前不用，你能怪谁？！😠😠

明武宗-朱厚照

好厉害！太宗的语音转文字，表情包都能转出来。😅

三国-刘禅

哈哈哈哈，楼上视角果然独特！

唐高宗-李治

橘生淮南则为橘，生于淮北则为枳，两位大佬体会一下。@ 隋文帝 - 杨坚 @ 隋炀帝 - 杨广

唐太宗-李世民

🔊 24″

凌烟阁24人中,一半以上的人都曾与我为敌。比如魏征,他一开始是李建成的手下,多次劝李建成杀了我。比如尉迟恭、秦琼、程咬金,最初都是其他诸侯的猛将,有的还与我在战场上对战过,最后都跳槽到了我这里。然后,他们都慢慢走向了职业生涯的巅峰。😆😆

明成祖-朱棣 Judy

厉害了Simon哥!
跳槽升职哪家强,隋朝末年找大唐。💀

宋太祖-赵匡胤

在人才的使用上,太宗和炀帝简直是天壤之别。

五代-柴荣

隋末唐初这么多能打的大神,炀帝都没用起来,确实怪不得别人。

涉及的知识点

◎ 科举制始于隋朝,隋朝总共举办过四五次科举,选出了十几个人才。虽然人数很少,但是质量很高,房玄龄、侯君集是凌烟阁二十四功臣的成员,许敬宗、孔颖达是唐初的名臣。

◎ 韩擒虎是隋朝名将,曾和杨广一起平定陈朝。李靖是韩擒虎的外甥,很早就受到韩擒虎的赏识,但是在隋朝没有受到重用。

宇宙第一群(422)

汉高祖-刘邦 Bond
所以,这"坑"算是填上了?

汉高祖-刘邦 Bond:后来这个"坑"是咋填上的?😅

唐太宗-李世民
还没有,只是安定了内部,四周的外患依然威胁很大。

汉武帝-刘彻
那你在位时间很长吧?先休养生息几十年,再对外用兵?

唐太宗-李世民
在位23年,是同时进行的。😂

明成祖-朱棣 Judy
Simon哥最牛的地方就是，对内开启贞观之治，休养生息，对外还能把周边国家按在地上打。

汉景帝-刘启
唐初不是说人口锐减吗？

五代-李存勖
对的，太宗在只有区区1000多万人口的时候，就开始霸兵天下了。💪💪

唐高宗-李治
霸兵天下，哈哈哈哈哈，这个词儿不错。

宣统-溥仪
高宗不是关中人咩？怎么北京口音都出来了？🌰

< **宇宙第一群(422)** ⋯

汉武帝-刘彻
霸兵天下？狂了点儿吧，年轻人。🌰

五代-李存勖
那我来举个例子吧🌰，懒得打字，我就用语音了哈。🎤

> **五代-李存勖**
> 🔊 32″
>
> 隋末大乱那几年,华夏衰微,东突厥趁势崛起,成为东亚的新霸主。玄武门之变不久,颉利可汗发兵20万,一路打到了长安附近。太宗不得已,跟颉利可汗签订了城下之盟。贞观四年,李靖率3000骑兵,灭东突厥,生擒颉利可汗。从城下之盟到封狼居胥,只用了4年时间。👊👊

> **新朝-王莽**
> 这剧情,爽文都不敢这么写。😅

> **汉高祖-刘邦 Bond**
> 3000骑兵就能灭掉一个强国?

> **唐太宗-李世民**
> 唐军以少打多是常规操作,"以我徒兵一千,可击胡骑数万"。😏

涉及的知识点

◎ 跳槽到唐朝后,李靖逐渐迎来了职业生涯的巅峰。贞观四年,60岁的李靖灭掉东突厥,达成封狼居胥成就。颉利可汗也被抓到了长安。

◎唐军的战斗力非常强,经常能看到以少打多的战例,灭国、生擒敌国君主也是常规操作。李世民说:"今中国强,戎狄弱,以我徒兵一千,可击胡骑数万。"

> **宇宙第一群(422)**
>
> **汉武帝-刘彻**
> 贵朝也这么能打,开拓疆域的情况怎么样?
>
> **唐高宗-李治**
> 我爹在位时期开疆最多,把西域、漠南、漠北都纳入了唐的范围。我在位期间疆域达到最大,有1200多万平方千米。
>
> **汉武帝-刘彻**
> 我的天,@唐太宗-李世民 在位23年,就把西域、漠南、漠北并入版图了?
>
> **唐高宗-李治**
> 是的!😊我爹在西域设置了安西都护府,然后我在漠南设了单于都护府,在漠北设了安北都护府。

> **汉宣帝-刘询**
> 牛气啊,这面积是我在位期间的两倍了。

> **汉高祖-刘邦 Bond**
> 长江后浪推前浪,果然后生可畏!👍

> **南朝-刘裕**
> 后浪牛气!👍

> **北朝-宇文邕**
> 这不止是后浪,是滔天巨浪了!
> 🌊🌊🌊

涉及的知识点

◎ 汉武帝时期,西域还不是中原王朝的领土,漠南、漠北也是匈奴的势力范围。唐太宗时期,逐渐把西域、漠南、漠北都纳入大唐帝国的版图。太宗在西域设置安西都护府,唐高宗在漠南设单于都护府,在漠北设安北都护府。

◎ 西汉疆域最大是在汉宣帝时期,有600多万平方千米。唐朝疆域最大是在唐高宗时期,高宗继位后灭掉西突厥等国家，版图面积达到1200多万平方千米。

> **< 宇宙第一群(422)** ...
>
> **明成祖-朱棣Judy**
> 就这样，太宗把一个史诗级的大"坑"给填上了。
>
> **汉光武帝-刘秀**
> 这个"坑"填得很漂亮啊！👍
>
> **明成祖-朱棣Judy**
> 把一个内有十几个诸侯割据，外有多个强敌环伺的大危局，玩成了吊打局。
>
> **宋太祖-赵匡胤**
> Simon哥太能打了！👍
>
> **明成祖-朱棣Judy**
> 因为一个人强悍的军事能力，把一个可能降临的暗黑时代，强行扭转成一个民族的高光时刻。👍
>
> **唐太宗-李世民**
> 小朱真是个人才，说话又好听，我都被夸得有点儿飘了。

宇宙第一群(422)

元太祖-成吉思汗
除了帝王将相,太宗还有一个"天可汗"的头衔,意思是"天下总皇帝",可以直接册立其他国家的国君。

北朝-宇文邕
这个称呼威武霸气!👍

北朝-赫连勃勃
一统天下,君临万邦,没想到后世还真出了这样的人物。

唐太宗-李世民
哈哈哈哈,都是国际上的朋友给面子,给了我"天可汗"的称号!

新朝-王莽
哇噻,头像周围出现了光圈!😱

三国-刘禅
哇!这是"天可汗"的特效吗?😲

唐高宗-李治
承蒙父荫,我继承了"天可汗"称号。

武则天
承蒙夫荫,我也是。😏

唐中宗-李显
承蒙祖荫,我也是+1。

第6集　别人家的孩子

唐睿宗-李旦
承蒙祖荫，天可汗+1！

唐玄宗-李隆基
我也是 嗨起来

唐肃宗-李亨
一起来

唐代宗-李豫
一起来

---涉及的知识点---

◎ 赫连勃勃是南北朝时期夏国的建立者，虽然只是一个小割据势力，但是赫连勃勃给都城起了一个霸气的名字——统万城，取"一统天下，君临万邦"之意。

◎李世民灭掉东突厥后，喜提"天可汗"称号，大唐也开始成为灯塔之国，万邦来朝。"天可汗"称号总共传了8位帝王，一直到唐代宗为止。

> **宇宙第一群(422)**
>
> 明武宗-朱厚照
> 好嗨啊，怎么突然改蹦迪了？😂
>
> 三国-刘禅
> 唐人集体蹦迪，是这一集杀青了吗？
>
> 三国-刘备
> 不管他，接着奏乐接着舞。💃
>
> 明武宗-朱厚照
> 哇喔~~，蹦迪之王刘皇叔登场！
>
> 三国-刘备
> **接着奏乐**
>
> 三国-刘备
> **接着舞**

第 7 集
唯一女帝武则天

在一片欢乐的气氛中,李世民的展示环节结束了。

接下来登场的,是一代女皇武则天。

宇宙第一群(422)

唐中宗-李显
气氛烘托到这里，是不是要有大事发生？

唐睿宗-李旦
气氛烘托到这里，是不是要有大事发生？

三国-刘禅
楼上两位，被挟持了就眨眨眼。

唐中宗-李显
我不是 我没有 别瞎说

唐睿宗-李旦
我不是 我没有 别瞎说

新朝-王莽
哇塞！😡看来是武则天小姐姐要登场了。

三国-刘禅
真是离谱，武姐姐出场居然还要暗示。

三国-刘禅
大家排面走起来。

明武宗-朱厚照
欢迎武姐姐登场。

金废帝-完颜亮
欢迎则天大圣皇帝武姐姐登场。

晋武帝-司马炎
欢迎武妹妹开讲。

瞬间,群里消息就爆了。

< 宇宙第一群(422) ···

999 条新消息

宋太祖-赵匡胤
我的天,999+条新消息,你们太疯狂了!

汉高祖-刘邦
我的手机都卡了。

汉武帝-刘彻
小刘,不要用表情包刷屏。@三国-刘禅

三国-刘备
@三国-刘禅 几天没打你是不是皮又痒了?

143

三国-曹操
怎么武小妹登场,唐朝人不是很热烈的样子。

三国-刘备
哈哈哈哈,我也发现了,关系有点微妙啊看来。

三国-刘备
一个挑事的微笑

隋炀帝-杨广
搬个小板凳,有好戏看了。

武则天
你们这是要搞事情啊!

唐高宗-李治
就是,看热闹不嫌事大。

隋炀帝-杨广
唐朝皇帝,除了李渊,两个是武小姐的老公,两个是她儿子,剩下的都是她的子孙后代。

晋武帝-司马炎
我的天,这句话信息量巨大。

明武宗-朱厚照
小姐姐牛,这也是没谁了。

汉献帝-刘协
想听唐朝的八卦。

金废帝-完颜亮
想听+1,八卦自带流量。

群里消息又爆了。

＜ 宇宙第一群(422) ⋯

999 条新消息

隋炀帝-杨广
武小姐,请开始你的表演。

唐太宗-李世民
姓杨的,你再乱带节奏,我就踢人了!

隋炀帝-杨广
好歹亲戚一场,没必要这样吧。

武则天
群里消息太多了,有点儿不好讲。

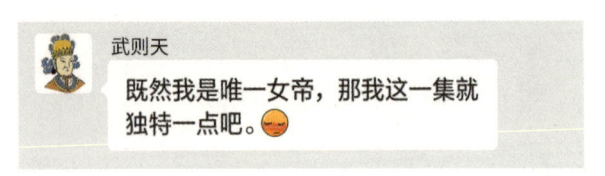

> **武则天**
> 既然我是唯一女帝，那我这一集就独特一点吧。😒

既然武则天是群里最独特的，那我们介绍她的方式也特别一点。

[前情提要]

在讲武则天之前，我们先简单介绍一下她的父亲。

武则天的父亲武士彟是一个富商，在那个年代，商人的社会地位很低。武家的阶层跃迁之路，从武士彟开始……

隋朝末年，李渊被隋炀帝派到山西，武士彟是山西当地的土豪，李渊打完仗会到武士彟家蹭吃蹭喝，他们就这样认识了。武士彟抱上了李渊这条大腿，掏出家底资助他起兵反隋。

唐朝建立后，武士彟官至工部尚书，实现了第一次阶层跃迁。

有了武士彟打下的基础，武则天才有机会入宫，开启她的职场升级之路。

第一阶段：玩家武媚进入游戏

贞观年间，李世民听说武士彟的女儿"容止美"，就召14岁的武则天入宫，封为才人，还赐了一个名字"武媚"。

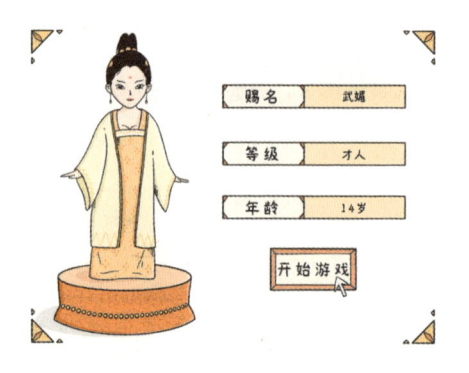

赐名	武媚
等级	才人
年龄	14岁

开始游戏

然而，这段时期的武媚并没有什么存在感，也没有得到唐太宗的宠爱。她在宫里待了12年，等级还是五品的才人。

太宗驾崩后，按照规定，武媚和其他没有子女的嫔妃，一起出家感业寺为尼。按照一般剧情发展，武媚基本上是青灯古佛，伴此余生了。

然而对武媚来说，剧情才刚刚开始……

第二阶段：玩家武媚狂刷等级

李世民病重期间，武媚和李治的感情开始升温。面对这位御姐，李治有点儿不受控制。

李世民周年忌日，李治到感业寺上香。再次见到武媚，李治有点儿失去理智。

这一切，暗中观察的王皇后都看在眼里，然后送出了神助攻。王皇后主动请求李治把武媚纳入后宫，想以此来对抗她的情敌萧淑妃。李治求之不得，马上同意了这个请求。

于是，武媚再次回到皇宫，后宫三国杀开始。在武媚和王皇后的联手打击下，萧淑妃逐渐失宠。然后，王皇后发现自己也失宠了，而武媚却变成了武昭仪。于是，王皇后和萧淑妃联合，一起打击武昭仪。

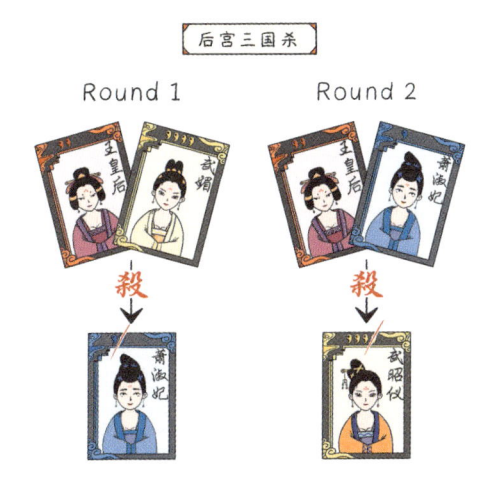

但是，武则天的宫斗是王者级别……

涉及的知识点

◎《资治通鉴》里记载：武则天生了一个女儿，王皇后过来看望。为了上位，武则天偷偷掐死亲生女儿，嫁祸给王皇后。然后，李治就有了废王立武的想法。这个说法有争议，有些史书上并没有记载此事。

但是废立皇后并没有那么简单，王皇后是李世民给李治选的，出身关陇贵族集团，受到朝中元老的支持。从南北朝到隋唐，关陇集团的实力大到可以左右皇权。武则天的父亲开始只是一名商人，这出身完全没法比。加上武则天原本是唐太宗的妃嫔，要是成为唐高宗的皇后，影响不好。所以朝中的元老大臣都反对废王立武。

支持人数对比

王皇后　　武媚

几乎没人

朝廷大佬

大概是李治想通过废王立武来重振皇权,削弱关陇集团的势力。李治和武则天联手,经过一系列的操作,逐渐获得越来越多大臣的支持。最终,武则天在后宫的竞争中胜出,朝堂上的障碍也被扫除,成功升级成为皇后。

王皇后和萧淑妃被废,她们背后的外戚势力也全部被驱逐。几年后,长孙无忌等元老被贬出京城,关陇贵族的势力受到严重打击。

后宫的争斗非常惨烈，王皇后和萧淑妃的下场很惨，此处略过不提。

武则天的皇后之路，走得都比一般人艰难。前有关陇贵族的反对，后有两大情敌的争宠。从尼姑到昭仪再到皇后，大女主的人设已经呼之欲出……

在封建时代，皇后是一个女人能达到的巅峰，然而武则天又笑着点了一首《下一站天后》。

李治患有风疾,经常感觉头晕目眩,甚至连眼睛都看不了东西,导致他的工作受到严重的影响。如果把国家大事交给儿子处理,按照唐朝皇室内斗的传统,自己很快就会变成太上皇。所以,他就把朝政交给了皇后武则天。

掌握权力之后,武则天的大女主人设不断加强。有时李治想干点什么,都会被她牵制,这让李治很不开心。宰相上官仪建议李治废后,李治表示赞同,并且让上官仪起草废后诏书。

左右侍从赶紧跑去告诉武则天,武则天赶紧跑到李治面前哭诉,李治一下子就心软了,再也硬气不起来。李治还把锅甩给了上官仪,表示他本来没有废后的想法,都是上官仪教他的。

第7集 唯一女帝武则天

然后,上官仪就被武则天除掉了……

废后是不可能的,这辈子都不可能,连提都不要提。经过这一事件,李治大权旁落,武则天大权在握。这之后,李治每次上班都带着老婆一起,他在前面,武后在帘子后面。

"天下大权,悉归中宫……天子拱手而已,中外谓之二圣。"
——《资治通鉴·唐纪十七》

二圣临朝十年后,李治称天皇,武后称天后。

唐高宗时代,武则天狂刷等级,实现了从尼姑到昭仪,从皇后到天后的逆袭。

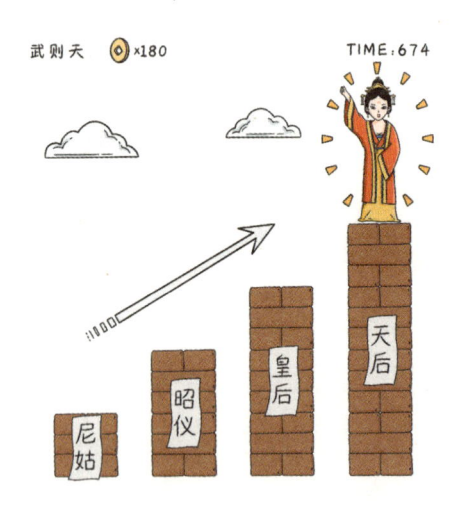

武则天 ◎×180　　　　　　TIME:674

尼姑 → 昭仪 → 皇后 → 天后

第三阶段：左右皇帝废立

唐高宗驾崩后,太子李显继位,武则天变成了太后。李显人如其名,有点离谱得明显。他想任命自己的岳父为侍中,遭到宰相的反对,结果李显怒了：朕就算把天下给我岳父,也没什么不可以,还会在乎一个侍中？

← 就他离谱

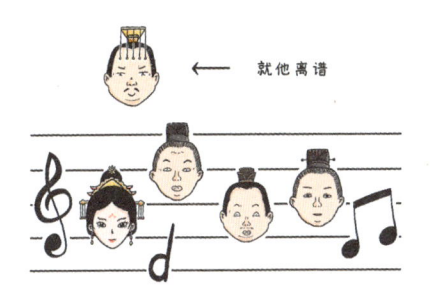

"老娘奋斗这么多年都没得到天下,你倒好,一句话就说要送人!"武则天一怒之下把李显给废了,立另一个儿子李旦为皇帝。

李显因为言语过激,被踢下皇帝宝座。

李旦被立为新皇帝,他和李显一样都是皇位上的气氛组!

在唐高宗时代,武则天已经可以呼风唤雨。到了李显和李旦这里,她更是可以左右皇帝的废立。

如果再不往前一步,实在是有点儿说不过去。

为了扫清障碍,武则天开始了一系列的操作,比如鼓励告密,任用酷吏,通过小人来打击反对者。朝廷上下人人自危,李唐皇室成员被批量除掉,大唐一片腥风血雨。

涉及的知识点

◎ 武则天任用酷吏来维护统治,于是出现了多个大酷吏。比如来俊臣,一个人灭掉一千多个家族,还编写了一本陷害学著作《罗织经》。比如用一个酷吏除掉另一个酷吏,来平息民愤,最后再把除掉酷吏的酷吏除掉,结束酷吏政治。

同时武则天也开始了舆论造势，比如她的侄子武承嗣在一块石头上刻字："圣母临人，永昌帝业。"他号称是在洛水中发现的，献给武则天。还有僧人撰写经书，称武则天是弥勒佛的化身，应该成为天下的主人。

经过一系列的操作和炒作，武则天改唐为周，成为一代女皇。此时武则天已经67岁，从她14岁入宫算起，整整奋斗了半个多世纪，终于在阿婆的年纪成为天下的主人。

第四阶段：成为一代女帝

武则天是即位年龄较大的皇帝之一，也是寿命较长的皇帝之一，可以说是"超长待机"。

对于女皇来说，传位给谁是一个头疼的问题。武则天的侄子武承嗣、武三思，曾向武则天进言"自古以来，天子没有以异姓作为继承人的"，暗示武则天把自己立为太子。

传给同姓的侄子,还是传给异姓的儿子,武则天一时决定不下。传给侄子,那还有两个儿子呢。传给儿子,那天下又变成李唐了,最后不是瞎忙活一场嘛。

宰相狄仁杰对她说:"母子和姑侄,哪个更亲?陛下传给儿子,以后会一直在太庙中接受祭拜。传给侄子,从来没有听说侄子把姑姑放在太庙里的。"经过狄仁杰等人一波劝说,最终,武则天决定立李显为太子。

按理说，李显已经被立为太子，武则天也已年老，只要再等几年，权力回归大唐是早晚的事。然而，武则天到晚年放飞自我，开始宠幸张易之、张昌宗两兄弟，政事很多都交给他们处理……

等会儿你们帮我看一下ppt。

武则天的孙子李重润、孙女永泰公主、侄孙武延基，私下议论张易之、张昌宗兄弟擅政，结果直接被赐死。

武则天病重期间，只有二张兄弟随侍在侧，其他人很难见到她的面。如果女皇驾崩，二张兄弟在遗诏上做手脚，那后果不堪设想。

神龙元年，武则天因病重卧床不起，身边只有二张兄弟。五位大臣假称二张谋反，率禁军五百人冲入皇宫，杀死二张，要求武则天退位。于是，武则天禅位给太子李显，天下再次回归大唐。

此时，"超长待机"的武则天"电量"也已经不多。退位后不到一年，武则天就驾崩了。

武则天这一辈子，创造了很多的不可能，挑战了很多的游戏规则，经历丰富到写都写不完。

帝王的墓碑上，大都会写满各种丰功伟绩。然而，武则天的墓碑一个字都没有，功过是非任后人评说。这块无字碑，跟它的主人一样，独一无二。

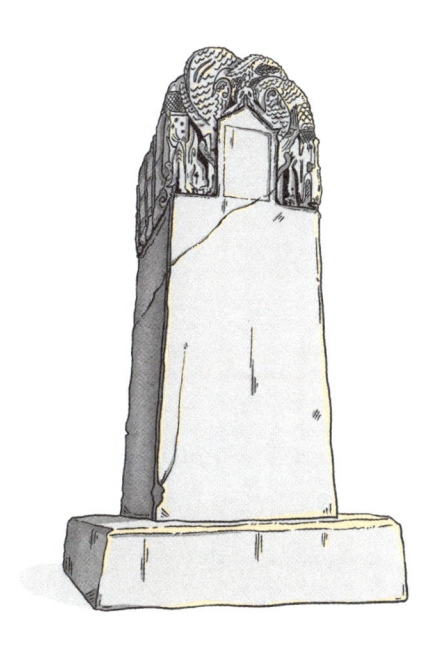

扩展阅读

武则天的成功，改变了很多人的世界观。在她之后，武则天的儿媳（韦皇后）、孙女（安乐公主）、女儿（太平公主）都对皇位发起过冲击。

李显被废后，韦皇后跟李显同甘共苦过很多年，两人感情深厚。李显恢复李唐政权后，韦皇后内心的权力欲望膨胀，她想成为武则天第二。

李显的女儿安乐公主，也想冲击这个位置，想让李显把自己立为皇太女，好继承大位。

武则天的女儿太平公主，曾经非常接近这个位置，可惜碰到了唐玄宗李隆基。李隆基出手更快，发动政变，除掉了太平公主。

○ 李显这一辈子，先是有一个强势的母亲武则天，然后自己的皇后想效法武则天，自己的女儿想做皇太女，可以说一辈子被三个女人攥在手里。

第8集
秦汉互撕

武则天是群里最独特的存在,所以她这一集形式上也最独特。

三大管理员都登场了,接下来的剧情会怎样发展呢?

宇宙第一群(422)

99条新消息

三国-曹操
🍊

三国-曹操
感谢武小妹别具一格的分享。

隋炀帝-杨广
武小妹以一己之力搅动整个唐朝，我给你点赞。👍

晋武帝-司马炎
无字碑挺酷的。🍊

宋太祖-赵匡胤
群主，其他人可以用漫画的形式吗？@秦始皇-嬴政

明成祖-朱棣Judy
同问。

秦始皇-嬴政
不行，武则天是唯一女帝，形式上可以特殊一点。

武则天
政哥，手动比心。❤️

第8集　秦汉互撕

宇宙第一群(422)

三国-刘禅
三大管理员都登场了，接下来有什么节目吗？😏

唐睿宗-李旦
要不搞个综艺节目玩玩？😏

明武宗-朱厚照
哈哈哈哈，这个可以有。

明武宗-朱厚照
算上政哥，刚好是四大导师。

宋徽宗-赵佶
我想获得四位导师的转身。😱

十全宝宝-乾隆
以阁下的实力，有一位导师转身算我输。@宋徽宗-赵佶

武则天
你们的脑洞有点大。😅

明武宗-朱厚照
四大导师还可以各带一支战队，相互PK，最后比出第一名。

唐睿宗-李旦
还是你会玩。👍👍

十全宝宝-乾隆
朱厚照同学除了本职工作不精通，其他方面玩得是出神入化。

宋太宗-赵匡胤
几位导师来自不同的朝代，他们带队肯定带各自的朝代吧？

宋仁宗-赵祯
对啊，这样说到底还是朝代之间的PK。

南唐-李煜
太宗和则天都来自唐朝，那他们不是要带两支唐朝队了？

隋炀帝-杨广
撕架是唐朝的传统节目了，也不是不可以。

唐太宗-李世民

3
踢群倒计时

"隋炀帝-杨广"撤回了一条消息

第8集 秦汉互撕

< 宇宙第一群(422)　　　　　…

明成祖-朱棣 Judy
这样子吧，在PK之前，不同的朝代先总结一下自己的特点，也好让大家熟悉一下。

宋太宗-赵光义
Judy这个提议不错！👍

南朝-刘裕
武将群刚平定，又PK？

明成祖-朱棣 Judy
有四大群管在这儿，妥妥的。

明成祖-朱棣 Judy
刚好可以让几位群管大概了解一下后世的历史。

秦始皇-嬴政
那来点有挑战的吧，用一个字总结一下自己的朝代。

十全宝宝-乾隆
这么精简吗？😂

汉高祖-刘邦Bond
政哥，秦朝用一个字总结是啥？

秦二世-胡亥
爸

173

汉高祖-刘邦Bond
哈?

汉武帝-刘彻
怎么莫名其妙来了个爸?

秦二世-胡亥
我大秦用一个字总结就是——爸。

汉武帝-刘彻
(⊙o⊙)啥?😊

秦二世-胡亥
你们看看,秦国自我爸上位之后,先是打得六国叫爸爸,然后打得四方少数民族叫爸爸,可以说是"爸"气侧漏。

秦二世-胡亥
我爸又是史上第一个皇帝,被称为祖龙,所以这个"爸"字是不是很符合?

明成祖-朱棣Judy
我的天,这"彩虹屁"可以啊!😊

明宪宗-朱见深Jason
胡亥是被盗号了吗?怎么突然这么会拍马屁?😂

宋徽宗-赵佶
感觉哪里不对,但又觉得好有道理。😊

第8集　秦汉互撕

〈 宇宙第一群(422)

汉武帝-刘彻
这是占我们所有人的便宜。

秦二世-胡亥
汉承秦制,明明占便宜的是你们。

汉武帝-刘彻
"亡秦者,秦也,非天下也",是你自己作没的,跟我们有什么关系?

汉光武帝-刘秀
就是。

汉武帝-刘彻
你爸灭六国,你灭秦国,战国七雄都是你们家灭的。

康熙-玄烨
哈哈哈哈,这话太损了。

十全宝宝-乾隆
山上的笋都被你夺完了。

秦二世-胡亥
说话怎么这么脏呢,我倒想问问你们汉朝是什么字?

汉元帝-刘奭
众所周知,我们是强汉,"明犯强汉者,虽远必诛"。

秦二世-胡亥
听着还挺唬人,强在什么地方?

南朝-刘裕
两汉400年,有300多年都是把周边国家按在地上摩擦,你说牛还是不牛?

秦二世-胡亥
这对我们来说是基本操作了。

明武宗-朱厚照
打起来!打起来!

明熹宗-朱由校
打起来!打起来!

涉及的知识点

- 唐代杜牧的《阿房宫赋》，有一句话分析六国和秦灭亡的原因，"灭六国者，六国也，非秦也。族秦者，秦也，非天下也"。

- 在西汉建立初期，北方的匈奴比较强大，西汉通过和亲来争取休养生息的时间，韬光养晦了几十年。汉武帝继位之后，开始对匈奴进行反击，逐步扭转汉匈两方的攻守形势。

- 西汉和东汉加起来国祚400年左右，在此后的300多年时间里，汉朝基本上对周边国家保持了明显的武力优势。

〈 宇宙第一群(422)　　　　　　　…

汉宣帝-刘询
汉朝的领土面积是秦朝的两倍，西域也在我们的势力范围。

明太祖-朱元璋
汉朝在西域非常强势。楼兰勾结匈奴杀了汉使者,汉帝派了另一个使者过去,直接把楼兰王砍了,楼兰上下还不敢拿使者怎么样。😂

明成祖-朱棣 Judy
"愿将腰下剑,直为斩楼兰",作风确实很强悍!👍👍

汉明帝-刘庄
干掉汉使后果很严重。

汉明帝-刘庄
南越杀汉使者,屠为九郡。宛王杀汉使者,头悬北阙。朝鲜杀汉使者,即时诛灭。

五代-柴荣
霸气,太霸气了!👍

北周-宇文邕
果然是强汉!💪

汉章帝-刘炟
西域都护还能任命西域国家的国王呢。😆

宋太祖-赵匡胤
太优秀了!😂

> 三国-刘禅
> 大汉威武,已经有爽文的感觉了。👍👍

---**涉及的知识点**---

◎ 汉武帝时期,汉朝开始变得非常强势。南越、大宛、朝鲜都杀过汉使,结果都付出了惨重的代价。

◎ 南越国的太后是中原人,她在中原有一个关系很好的熟人,汉武帝就派太后的老熟人出使南越。在熟人的劝说下,太后同意归附汉朝,但是,丞相不同意。于是太后和使者准备杀掉丞相,可惜没有成功,反而被丞相反杀。听说汉使被杀,汉武帝发兵灭掉了南越国。

◎ 大宛是西域国家,汉武帝听说大宛国王有汗血宝马,就派使者带着重金去求购,结果被拒绝。汉使很生气,"汉使怒,妄言"。大宛王感觉受到了侮辱，就把汉使杀了。然后，汉武帝发动了两次对大宛国的远征，最后大宛王被手下杀掉，汉朝在西域的地位得到巩固。

◎ 西域的楼兰国是"骑墙派"，有时倒向汉朝这边，有时倒向匈奴这边。汉昭帝时，楼兰勾结匈奴杀了汉朝使者。傅介子请求出使西域，趁着跟楼兰王单独见面的机会，直接干掉了楼兰王。楼兰上下一片惊恐，傅介子说："汉兵方至，毋敢动。动，灭国矣！"结果，楼兰人就真的不敢怎么样，傅介子安全回到汉朝。

◎ 到了东汉，班超想要效法傅介子立功西域，他说："大丈夫无它志略，犹当效傅介子、张骞立功异域，以取封侯，安能久事笔砚间乎？"于是弃笔从戎。后来，班超带着36个人，收服了西域50多个国家。作为西域都护，班超甚至可以任命西域国家的国王。

到了唐代，楼兰作为一种意象，在唐诗中被反复"吊打"。李白在诗里写道，"愿将腰下剑，直为斩楼兰"，说的就是傅介子计斩楼兰王的故事。王昌龄也写道，"黄沙百战穿金甲，不破楼兰终不还"。安史之乱后，杜甫在诗中呼唤唐朝版傅介子，"愿见北地傅介子，老儒不用尚书郎"。

〈 宇宙第一群(422) ⋯

汉成帝-刘骜
汉朝尚武，打仗时可以以一敌五。

汉成帝-刘骜
后来敌人也学了点，只能一打三了。

唐太宗-李世民
哈哈哈哈，这个吐槽有点儿"凡尔赛"了。

唐太宗-李世民
在我们唐代，1000个步兵可以打几万敌人骑兵。

汉昭帝-刘弗陵
我朝的李陵，用5000步兵，可以把匈奴8万骑兵打到怀疑人生。

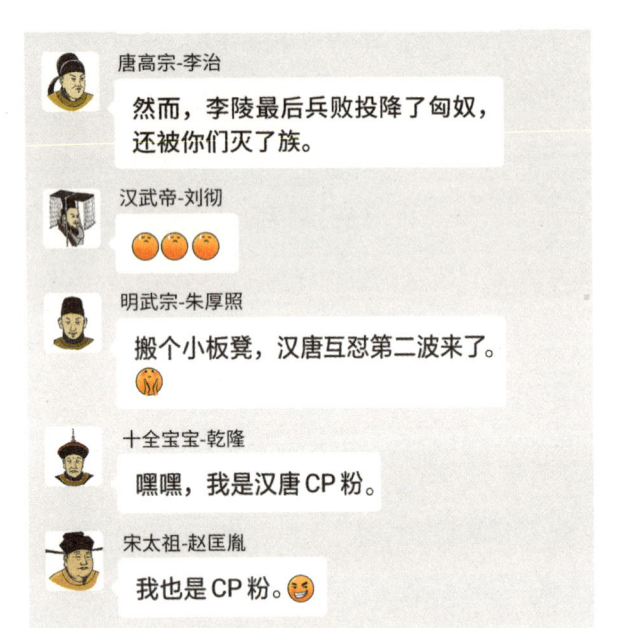

> **唐高宗-李治**
> 然而,李陵最后兵败投降了匈奴,还被你们灭了族。

> **汉武帝-刘彻**
> 🍊🍊🍊

> **明武宗-朱厚照**
> 搬个小板凳,汉唐互怼第二波来了。🍊

> **十全宝宝-乾隆**
> 嘿嘿,我是汉唐CP粉。

> **宋太祖-赵匡胤**
> 我也是CP粉。😝

涉及的知识点

◎ 汉唐都是尚武的朝代,当时的综合国力强盛,生产力领先,武器和装备也有优势,对其他国家可以造成降维打击。

◎ 关于汉朝的武力值,西汉名将陈汤曾这样吐槽:以前一个汉人可以打五个敌人,后来敌人学到了点汉人的工艺,只能一打三了。关于唐朝的武力值，李世民说过一句"凡尔赛"的话："今中国强，戎狄弱，以我徒兵一千，可击胡骑数万。"

◎ 李陵是李广的孙子，创造了一个很厉害的战例。在一次对匈奴的战斗中，李陵孤军深入，遇到了匈奴单于的主力。结果，只有5000步兵的李陵，把匈奴8万骑兵打得怀疑人生，让单于很没有面子。最后在孤立无援的情况下，李陵投降了匈奴。单于非常欣赏李陵，还把女儿嫁给了他。后来，因为一些阴差阳错的误会，汉武帝以为李陵在帮匈奴练兵，就把李陵灭族了。

> 宇宙第一群(422)
>
> 汉光武帝-刘秀
> 你们的战斗力只是前期厉害，安史之乱后怎么样没点数吗？@唐太宗-李世民
>
> 唐太宗-李世民：在我们唐代，1000个步兵可以打几万敌人骑兵。

汉明帝-刘庄
就是,汉朝可是一直强到了最后。东汉末年诸侯割据,依然可以把周边按在地上打。

汉光武帝-刘秀
"国恒以弱灭,独汉以强亡",试问在座的还有谁?还有谁?

晋武帝-司马炎
我的天,伤害性不大,侮辱性极强!

宋徽宗-赵佶
侮辱性极强+1。

唐昭宗-李晔
可恶,又被他装到了。

唐宪宗-李纯
不好意思问一下,周边是谁?

> 汉明帝-刘庄: 就是,汉朝可是一直强到了最后。东汉末年诸侯割据,依然可以把周边按在地上打。

唐宣宗-李忱
+1,我也想问。

> 唐宪宗-李纯: 不好意思问一下,周边是谁?

涉及的知识点

○ 一般情况下，中原乱成一锅粥时，中原王朝就会被四周的少数民族一顿欺负，甚至被外族所灭。但是汉朝并没有出现这样的情况，即使到了东汉末年分三国，依然保持着对周边的武力优势。三国的武将阵容，堪称豪华，放在任何一个朝代都是不逊色的。王夫之评价汉朝："国恒以弱灭，独汉以强亡。"

唐朝机智地怼了汉朝一下，汉朝有点儿来气。

< 宇宙第一群(422)　　　　　　　…

汉武帝-刘彻
唐朝的后半段国势江河日下，你们拿什么跟我们比？

唐宪宗-李纯
当然是强大的生命力，国都六陷，天子九迁，安史之乱后大唐依然持续了150年。

汉景帝-刘启
呵呵，王莽篡汉，我秀儿二次开国建立东汉，这才叫生命力。

汉景帝-刘启
东汉亡了之后，备儿又建立蜀汉，这才叫强大的生命力。

十全宝宝-乾隆
突然想到一个问题，假如刘备最后统一三国，再次复兴了汉室，那后世的历史会变成什么样子？

晋武帝-司马炎
我的天，这个问题……

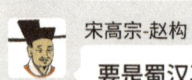

宋高宗-赵构
要是蜀汉再来200年，那3个汉朝加起来就是600年了……

晋武帝-司马炎
汉家的天下丢了总是能抢回来，那我们这群可能要变成刘氏家族群了。

十全宝宝-乾隆
这不就是群主"二世，三世，传之万世"的理想吗？

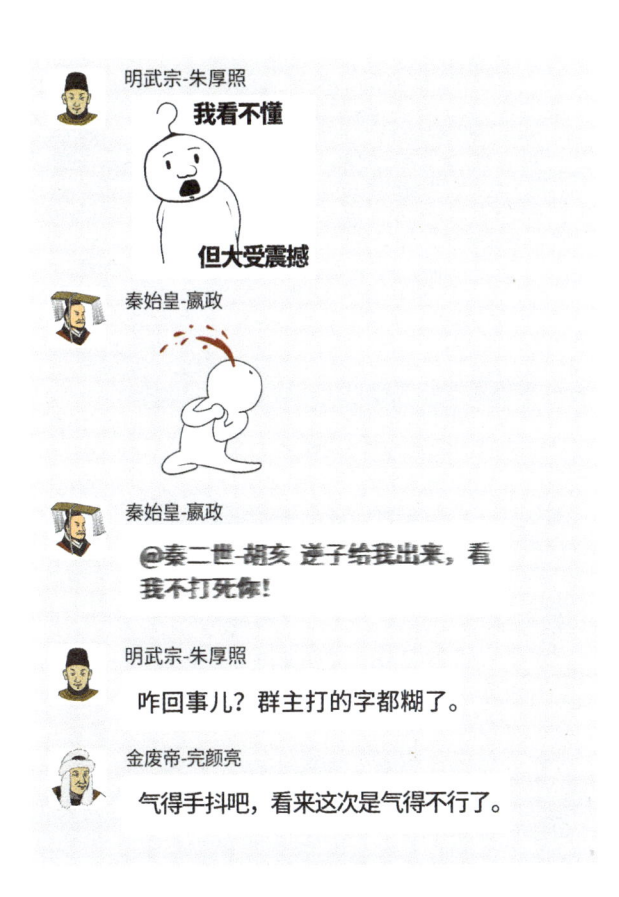

明武宗-朱厚照
我看不懂
但大受震撼

秦始皇-嬴政

秦始皇-嬴政
@秦二世-胡亥 逆子给我出来，看我不打死你！

明武宗-朱厚照
咋回事儿？群主打的字都糊了。

金废帝-完颜亮
气得手抖吧，看来这次是气得不行了。

这一段开了一个脑洞，在真实的历史中，刘备的蜀汉没有统一三国，国祚只有四十几年。

———— 涉及的知识点 ————

◎西汉灭亡之后，国祚连续被续了两次。第一次是刘秀建立东汉，第二次是刘备建立蜀汉，刘秀和刘备都是汉景帝刘启的后代。

嬴政忙着打胡亥，于是汉朝接管了流程。

< 宇宙第一群(422)　　　　　…

汉高祖-刘邦Bond
好了，汉朝有这样的发展我心甚慰，话筒给后面的朝代吧。🎤

汉武帝-刘彻
后面是三国，就快速过一下吧。

明武宗-朱厚照
哈哈哈哈哈，三国被无视了。

三国-曹操
武帝爷，三国好歹也是大IP。😂

清太宗-皇太极
《三国演义》我熟，一句话总结就是：曹魏占了天时，东吴占了地利，蜀汉占了人和。

第8集 秦汉互撕

三国-孙权
楼上对三国很了解嘛！

十全宝宝-乾隆
哈哈哈哈，神总结没错了。

三国-刘禅
哈哈哈哈，笑死我了！😂😂

三国-刘备
这孩子，看来真的是被我摔傻了！😳
😫

< 宇宙第一群(422)　　　　　　　···

汉高祖-刘邦Bond
好了，下个朝代吧。

三国-曹操
高祖爷，我们都还没开始……😂

汉武帝-刘彻
已经结束了。

三国-孙权
两位爷，代汉的是曹魏，我们东吴可啥都没干。

三国-刘备
祖爷爷，楼上说得对。👍

三国-曹操

弱小可怜又无助

十全宝宝-乾隆
曹操是被围殴了吗？😂

汉武帝-刘彻
三国那些事人们已经很熟悉了，就简单过一下吧。而且，上面有人给出了总结，你还有更精辟的吗？@三国-曹操

第9集
这样说话真好玩儿

选举管理员尘埃落定,为了让前朝的皇帝了解后朝的事,群里开启了一个字总结的环节。秦朝的一个字总结是"爸",汉朝是"强",三国被无视。

后面的朝代,又会有怎样的神总结和神吐槽呢?

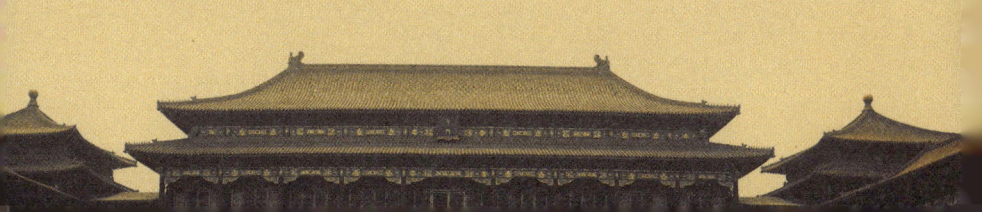

宇宙第一群(422)

晋武帝-司马炎
那到我们晋朝了吧?

明武宗-朱厚照
司马炎要"发炎"了。

金废帝-完颜亮
司马炎要"发炎"了。

晋武帝-司马炎
🍊🍊

晋武帝-司马炎
炎

晋武帝-司马炎
炎

晋武帝-司马炎
炎

晋武帝-司马炎
好啦,"发炎"完毕,后面的朝代继续吧。

隋文帝-杨坚
就这?

宋太祖-赵匡胤
就这?

汉武帝-刘彻
别跑题,一个字总结呢?

晋武帝-司马炎
天下大势,分久必合,合久必分,我们最后统一了三国,就用"合"吧。

三国-曹髦
呵呵,我看是"乱"吧。

隋文帝-杨坚
没毛病,从八王之乱开始,乱了将近300年……

涉及的知识点

○ 晋惠帝司马衷以智力低下著称,他继位之后受到各方势力的摆布。司马衷在位的第二年,八王之乱爆发。司马家的各大藩王你方唱罢我登场,竞相角逐最高权力。八王之乱历时十几年,严重消耗了西晋的国力。最终西晋灭亡,并导致了之后近300年的动乱,汉民族进入至暗时刻。

〈 宇宙第一群(422)　　　　　　　　…

明成祖-朱棣 Judy
晋是大一统王朝里存在感和评价最低的吧？和@新朝- 王莽 的新朝有一拼

新朝-王莽
我的天，这是我被黑得最惨的一次。😅😅

唐高宗-李治
晋朝的皇帝也普遍没有存在感，皇权衰微，世家大族站在C位。

唐宣宗-李忱
王谢桓庾，东晋四大豪门，轮流把持朝政。

晋文帝-司马昭
大佬们，要黑得这么狠吗？😂😂

唐睿宗-李旦
这也叫狠？

唐睿宗-李旦
要是放开了吐槽，估计很多东西都播不了。

明成祖-朱棣 Judy
你们朝代引发的一系列后果,特别能激起一个人的吐槽欲。

三国-曹髦
晋的出现,简直让人眼前一黑。

涉及的知识点

◎ 司马昭的谥号是追封的,司马炎建立西晋后,追封父亲司马昭为晋文帝。

◎ 西汉和东汉之间,有一个新朝。西汉末年,王莽篡汉建立新朝。王莽既是新朝的开国之君,又是亡国之君。处在两汉中间,新朝的存在感很低。

◎ 西晋灭亡后,司马睿在南方建立东晋。东晋国祚有100多年,但是皇帝普遍没有存在感。"王与马,共天下",很形象地说明了皇权的衰微。"王"是琅琊王氏,中古时期数一数二的豪门。"马"是司马氏——东晋的皇族。

◎ 东晋有王、谢、桓、庾四大家族，琅琊王氏是其中之一。比如王导、王羲之，就出自王氏家族；打赢淝水之战的谢安、谢玄，来自谢氏家族。刘禹锡有一句诗，"旧时王谢堂前燕，飞入寻常百姓家"，这里的"王谢"指的就是东晋的王、谢两大家族。

司马睿试图挽救一把晋朝。

< 宇宙第一群(422)　　　…

晋元帝-司马睿
我们也是有亮点的好吗？

晋元帝-司马睿
魏晋风度了解一下。

晋简文帝-司马昱
魏晋名士潇洒飘逸，几追仙姿，成为后世多少文人想活成的样子。

三国-曹芳
圈重点，魏晋风度，魏在前面。

第9集　这样说话真好玩儿

南唐-李煜
几追仙姿，这词儿妙啊！

南唐-李煜
想起了嵇康醉酒的画面，"其醉也，傀俄若玉山之将崩"。

宋徽宗-赵佶
好有画面感。

宋仁宗-赵祯
魏晋风度被后世这么多人仰慕，司马家的贡献很大。

晋惠帝-司马衷
@晋武帝-司马炎 老爸你看，还是有人说我们好的。

宋仁宗-赵祯
没有司马家带来的动荡，没有那种朝不保夕的感觉，魏晋名士可能就不会有生死看淡、极力放飞自我的生活态度了。

晋文帝-司马昭

晋武帝-司马炎
唉，这傻孩子……

———— 涉及的知识点 ————

◎ 魏晋时期，社会动荡，在险恶的生存环境下，文人士大夫阶层出现了一些行为艺术般的行为。比如嵇康醉酒，是文学史上的名场面，"其醉也，傀俄若玉山之将崩"。嵇康临刑前的画面，也很有艺术感，他在刑场弹完一曲《广陵散》，然后从容就刑。

◎ 这些仙气飘飘的行为，让很多人向往。魏晋风度深刻影响了后世的文人士大夫，成为很多人追求的理想人格状态。

司马睿再次试图挽救。

> 〈 宇宙第一群(422)　　　⋯
>
> **晋元帝-司马睿**
> 楼上说我们没有存在感，这怕是有什么误解吧？

晋元帝-司马睿
我们晋朝盛产名士，很多大名士都在课本里刷过脸。

晋元帝-司马睿
竹林七贤、王羲之、谢安、陶渊明，哪个不是家喻户晓？

三国-曹芳
竹林七贤成团和成名都是在正始年间，居然说是你们晋朝的？

三国-曹髦
嵇康都是@晋文帝-司马昭 杀的，现在又来蹭七贤的热度……

晋元帝-司马睿
剩下几个都是东晋土生土长的。

晋孝武帝-司马曜
东晋虽然偏安江左，好歹保住了华夏文明的火种，此时的北方已经乱成一锅粥了。

明太祖-朱元璋
唉，一声叹息！十六国这一部分就过了吧。

明成祖-朱棣Judy
附议。

隋文帝-杨坚
分裂时期王朝太多,要不就讲讲大一统吧。

南朝-刘裕
我们南朝不配拥有姓名吗?🍊

北魏-拓跋焘
我们北朝不配拥有姓名吗?😈

汉武帝-刘彻
这个提议可以,一个字总结就由大一统王朝来吧。

> 隋文帝-杨坚:分裂时期太多,要不就讲讲大一统吧。

唐太宗-李世民
南北朝这么多朝代,以后可以专门开一篇讲讲。

涉及的知识点

◎ 竹林七贤,是魏晋风度的代表人物。三国魏正始年间,嵇康、阮籍等七人经常在竹林里面喝酒、唱歌。后来,嵇康被司马昭杀害,竹林七贤分崩离析。

◎ 东晋时期,北方是空前的乱世。有人认为,东晋最大的贡献是保住了汉文明的火种。

〈 宇宙第一群(422) …

隋文帝-杨坚
OK,那就到我们隋朝了。

汉武帝-刘彻
请开始你的表演

宋太祖-赵匡胤
来,杨总,话筒给你

隋文帝-杨坚
我想了一下,隋朝最符合的字是"雄",雄起的"雄"。

汉宣帝-刘询
雄隋,听着也挺霸气的。

晋安帝-司马德宗
真的假的？我怎么听说隋的评价也不好。

晋惠帝-司马衷
国祚短短的，说话拽拽的。

三国-曹髦
也？还有这样自黑的吗？

> 晋安帝-司马德宗：真的假的？我怎么听说隋的评价也不好。

隋炀帝-杨广
@晋惠帝-司马衷 @晋安帝-司马德宗

隋炀帝-杨广

我怀疑二位脑子有问题

隋文帝-杨坚
西晋作为最弱的大一统，留下了300年的乱世，隋不仅结束了几百年的乱世，还让中原王朝再度雄起。

涉及的知识点

◎ 司马懿老谋深算，但是后代却出了两个"傻子皇帝"，分别是晋惠帝司马衷（西晋）和晋安帝司马德宗（东晋）。

宇宙第一群(422)

隋炀帝-杨广
我继位后，又开创了万国来朝的局面，四方国家再次以华夏为尊。"诸蕃至者，厚加礼赐。有不恭命，以兵击之。"

新朝-王莽
万国来朝始于隋，盛于唐，终于明。

汉元帝-刘奭
牛，没想到你们朝也有这么霸气的话。

汉宣帝-刘询
四方国家再次以华夏为尊，这个值得手动点赞。👍👍

隋炀帝-杨广
哈哈哈哈，这样霸气的话还有，"万里何所行，横漠筑长城"，我在西巡张掖的时候写的。

唐高宗-李治

静静地看着你

三国-曹操
写得不错,有几分我的风格。

唐高宗-李治
炀帝好大喜功的人设真是一点没变。

唐宪宗-李纯
对不好的方面回避,鸵鸟型的风格也没变。

隋炀帝-杨广
你们李唐就会黑我,这点也没变。

明成祖-朱棣 Judy
汉朝的大佬可能很少看群消息吧,隋朝在杨广手上又"熊"了。

汉宣帝-刘询
我对隋的了解很少,咋"熊"的?

唐睿宗-李旦
步子迈得太大,结果害了自己。

宋太祖-赵匡胤
杨老师一个开皇之治,把隋朝送上巅峰。

宋太祖-赵匡胤
杨广一顿操作猛如虎,把隋朝送入低谷。

宋仁宗-赵祯
真是应了一句话,"其兴也勃焉,其亡也忽焉"。

涉及的知识点

◎ 杨广继位之后,开创了万国来朝的局面。万国来朝,指的是很多国家来朝拜,"万"是虚数,代表很多国家。在唐代,万国来朝达到鼎盛。王维有诗,"九天阊阖开宫殿,万国衣冠拜冕旒",描述了这个宏大的场面。

◎ 杨广好大喜功,写诗也很霸气,有人评价他的诗有魏武之风。他在西巡的时候写过一首《饮马长城窟行》,这里放上前四句大家感受一下:

> 肃肃秋风起，悠悠行万里。
>
> 万里何所行，横漠筑长城。
>
> 岂合小子智，先圣之所营。
>
> 树兹万世策，安此亿兆生。

◎ 魏武指的是曹操，曹丕称帝之后，追封曹操为魏武帝。

◎ 隋朝末年，杨广眼看着局面越来越没法收拾，就干脆不收拾了，跑到扬州尽情享乐，对外面的形势不管不问。有人说杨广是鸵鸟型帝王，鸵鸟在遇到危险的时候，会把头埋到草丛中，以为看不见危险就没有危险，这跟杨广的眼不见心不烦很像。

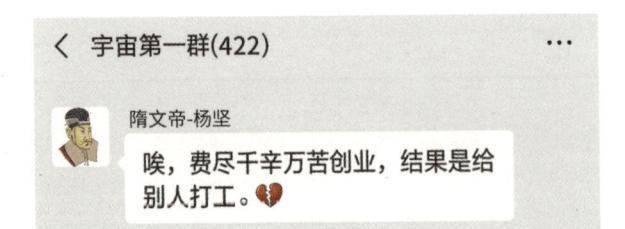

宇宙第一群(422)

隋文帝-杨坚

唉，费尽千辛万苦创业，结果是给别人打工。💔

第9集　这样说话真好玩儿

隋炀帝-杨广
李唐盛世打工仔，还被黑成隋炀帝，太扎心了我。😭

唐高宗-李治
给大家讲个笑话：创业不易隋文帝，没有黑点隋炀帝。🤭

唐中宗-李显
老说唐承隋制，你们隋是摘了北周的果实好吗？

唐睿宗-李旦
就是，"古来得天下之易，未有如隋文帝者"，大唐的天下可是靠实力打下来的。

隋文帝-杨坚
李渊父子还真是有出息，自己不出面，指使几个子孙就完成了反击。

系统连续监测到反话，已开启反话模式

隋炀帝-杨广
唐朝的家庭关系是很和谐的，手足情深李世民，多好的榜样。

唐太宗-李世民
你不也是兄弟情深吗？不然怎么当上太子的？

唐高宗-李治
炀帝励精图治，让隋朝国祚绵长，跟千古一帝胡亥有一拼。

南唐-李煜
千古一帝胡亥，哈哈哈哈，笑死我了。😂😂😂

隋炀帝-杨广
这位一定是中兴南唐的后主李煜吧！

南唐-李煜
惹不起惹不起，溜了溜了。😂

这里开启了一段反话环节。

涉及的知识点

◎ 杨坚本来是北周的大臣，北周皇帝命都不长。周武帝宇文邕是一代英主，本来有机会结束南北朝统一中国，可惜三十几岁就死了。他的儿子宇文赟很不靠谱，当了一年皇帝后禅位给7岁的儿子宇文阐。一年后，宇文赟就死了。此时的北周，主少国疑，杨坚是宇文阐的外公，于是接管了北周。所以后世有这样的评价，"古来得天下之易，未有如隋文帝者"。

◎ 杨广排行老二，太子本来是大哥杨勇，杨广通过一系列操作挤掉杨勇成为新太子，并且矫诏赐死了杨勇。李世民也是排行老二，太子本来是大哥李建成，在玄武门之变中，李世民杀掉了李建成。

◎ 胡亥，秦二世；李煜，南唐后主。他们都是亡国之君。

> ⟨ 宇宙第一群(422)　　　　　　　　⋯
>
> **晋惠帝-司马衷**
> 这样说话好好玩，还有吗？
>
> **隋文帝-杨坚**
> 有，聪明绝顶司马衷。
>
> **晋武帝-司马炎**
> 这傻孩子，主动往人家枪口上撞。
>
> **三国-曹髦**
> 还有……一代忠臣司马昭。
>
> **三国-曹髦**
> 司马昭的忠心，路人皆知。

三国-曹芳
不对不对，司马家是满门忠烈。

三国-刘禅
哈哈哈哈，笑死我了。🤣

晋文帝-司马昭

晋武帝-司马炎

唐睿宗-李旦
曹魏这一波吐槽我给100分。💯

北魏-拓跋焘
哈哈哈哈，我来补充两个：
封狼居胥刘义隆。
一统天下刘勃勃。

涉及的知识点

◎ 曹芳在位时，司马懿发起高平陵事变，掌握了曹魏的大权。然后，司马家历经三代四个人的努力，最终篡夺了曹魏的江山。司马懿是第一代,他的儿子司马师、司马昭是第二代,在他的孙子司马炎手中,曹魏灭亡,西晋建立。

◎ 曹芳后来被司马师废掉,曹髦继位。曹髦说过一句很出名的话,"司马昭之心,路人皆知"。曹髦对司马昭专权很不满,于是奋起一搏,带着身边的人去讨伐司马昭,结果被司马昭的手下弑杀。

◎ 西汉霍去病北击匈奴,曾经在狼居胥山封禅天地。从此以后,封狼居胥成了很多人的小目标。南北朝时期,南朝宋文帝刘义隆开创了元嘉之治,也想实现封狼居胥,却被北魏拓跋焘打得大败。几百年后,辛弃疾嘲笑刘义隆:"元嘉草草,封狼居胥,赢得仓皇北顾。"

◎ 刘勃勃是匈奴人,后来改名赫连勃勃,十六国时期建立胡夏,都城是统万城。统万,是"一统天下,君临万邦"的意思。

第10集
独特的唐人

隋朝用反话吐槽唐朝,结果系统开启了反话模式。

作为管理员,李世民关闭了反话模式,话风重新变得正常起来。

第10集 独特的唐人

< 宇宙第一群(422)　　　　　　　…

唐高祖-李渊
大佬们，该继续下面的流程了。

管理员"唐太宗-李世民"关闭了反话模式

唐高祖-李渊
大唐的环节，有请我儿子李总来主持一下。@唐太宗-李世民

唐太宗-李世民
家人们，来把排面走一波。

唐高宗-李治
[殿]

唐中宗-李显
[中]

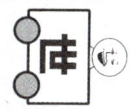

唐睿宗-李旦
[大]

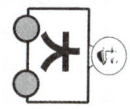

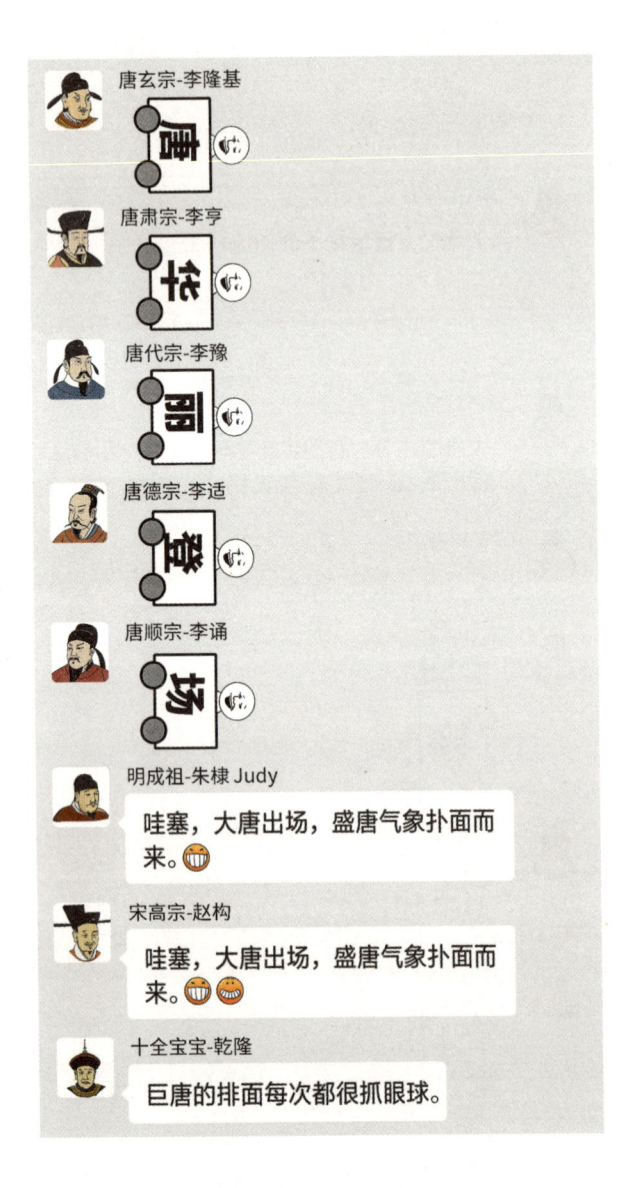

唐玄宗-李隆基
唐

唐肃宗-李亨
化

唐代宗-李豫
丽

唐德宗-李适
登

唐顺宗-李诵
场

明成祖-朱棣 Judy
哇塞，大唐出场，盛唐气象扑面而来。😁

宋高宗-赵构
哇塞，大唐出场，盛唐气象扑面而来。😁😁

十全宝宝-乾隆
巨唐的排面每次都很抓眼球。

第10集　独特的唐人

汉武帝-刘彻
这客套也太假了。🍊

汉光武帝-刘秀
+1。这表情前面都用过几次了，搞得像第一次见一样。🍊

唐朝出场，汉朝说话阴阳怪气，李世民也就有点不客气了。

< 宇宙第一群(422)　　　　　…

唐太宗-李世民
众所周知，我大唐用一个字总结就是"盛"。盛世大唐，各个方面都强。

汉武帝-刘彻
口气大了点吧！

汉宣帝-刘询
我劝你低调，年轻人。

唐高宗-李治
低调不是唐人的风格，全然绽放才是唐朝的本色。

三国-曹操
有点儿好奇,你们是怎么全方位优秀的?

唐太宗-李世民
先说武力值吧。

唐高祖-李渊
大唐不仅武力值高,而且武德充沛,我的年号也是武德。

汉光武帝-刘秀
但我听说你的儿子不讲武德,年纪轻轻搞偷袭,还偷袭你这样的老同志。😅

唐太宗-李世民
别偷换概念好吗?😂 这里说的是王朝的武力值。

汉武帝-刘彻
这样啊!

汉武帝-刘彻
恕我直言,论武德,我还没有输过谁。😙

唐高宗-李治
然而……赫赫武功背后是巨大的代价,"海内虚耗,户口减半"了解一下。

第10集 独特的唐人

汉武帝-刘彻
"汉家庶事草创,加四夷侵陵中国",有时不得不劳民。🍊

唐太宗-李世民
但是,唐朝在大杀四方的同时,国内依然是蒸蒸日上的盛世。

―――― 涉及的知识点 ――――

◎ 在很多朝代,低调内敛是人们比较典型的性格。然而,唐人的性格却不一样,热烈又奔放,大气又浪漫。从唐人的诗里,可以感受到盛唐气象。

◎ 唐高祖李渊的年号是武德,玄武门之变时,史书记载,李渊还在宫里划船,然后被逼退位当了太上皇。

◎ 汉武帝穷兵黩武,开创了巨大武功,差点把西汉整到崩溃的边缘。对此,汉武帝自己说过一段话:"汉家庶事草创,加四夷侵陵中国,朕不变更制度,后世无法;不出师征伐,天下不安;为此者不得不劳民。若后世又如朕所为,是袭亡秦之迹也。"

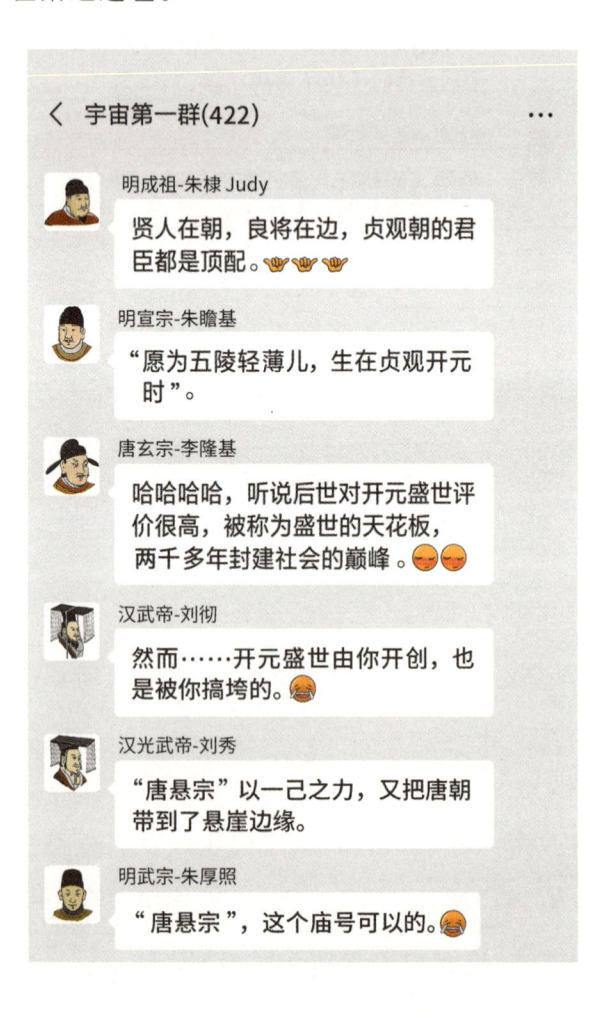

> **宇宙第一群(422)**
>
> **明成祖-朱棣 Judy**
> 贤人在朝，良将在边，贞观朝的君臣都是顶配。👑👑
>
> **明宣宗-朱瞻基**
> "愿为五陵轻薄儿，生在贞观开元时"。
>
> **唐玄宗-李隆基**
> 哈哈哈哈，听说后世对开元盛世评价很高，被称为盛世的天花板，两千多年封建社会的巅峰。😏😏
>
> **汉武帝-刘彻**
> 然而……开元盛世由你开创，也是被你搞垮的。😂
>
> **汉光武帝-刘秀**
> "唐悬宗"以一己之力，又把唐朝带到了悬崖边缘。
>
> **明武宗-朱厚照**
> "唐悬宗"，这个庙号可以的。😂

唐悬宗是谐音梗，唐玄宗李隆基把唐朝从盛世带到悬崖边缘，所以又被戏称为唐悬宗。

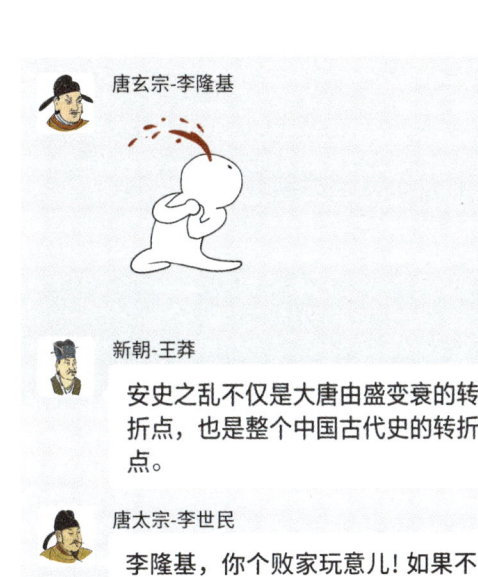

唐玄宗-李隆基

新朝-王莽
安史之乱不仅是大唐由盛变衰的转折点,也是整个中国古代史的转折点。

唐太宗-李世民
李隆基,你个败家玩意儿!如果不给大唐挽回点颜面,本祖宗就踢你出群!😡

李世民批了一顿李隆基,但是并没有踢他出群,而是给李隆基留了一个将功赎罪的机会。

涉及的知识点

◎ 李世民自己是一个开挂般的存在,他手下的文臣武将,综合素质也是历代最强。贞观时期,李世民对内开启贞观之治,对外吊打四方,喜提"天可汗"成就。

◎ 开元盛世是中国封建社会盛世的天花板，李白、杜甫等大诗人都是活跃在唐玄宗时期。杜甫有首诗描写了开元盛世的繁华富庶：

> 忆昔开元全盛日，小邑犹藏万家室。
> 稻米流脂粟米白，公私仓廪俱丰实。

◎ 王安石是北宋的宰相，他特别向往生活在贞观或开元时期，曾写下诗词：

> 愿为五陵轻薄儿，生在贞观开元时。
> 斗鸡走犬过一生，天地安危两不知。

◎ 李隆基是一个特别复杂的人，他继位之后励精图治，把唐朝带入全盛，在位后期爆发安史之乱，又把唐朝带入深渊。"渔阳鼙鼓动地来，惊破霓裳羽衣曲"，他吃着火锅唱着歌，安史大军突然就打过来了。

◎ 安史之乱的破坏性本来可以不那么大，因为唐玄宗年老昏聩，决策失误，结果造成了巨大的破坏。安史之乱不仅让唐朝急剧地由盛转衰，而且成为整个中国古代的转折点。

李世民批完李隆基，又@了一下李治。

< 宇宙第一群(422)　　　　　…

唐太宗-李世民
治儿，你来说说我唐的疆域吧。

唐高宗-李治
好的，父皇。👌

唐高宗-李治
其实大唐的疆域也没多大，"西极道九千九百里"，从长安到帝国最西还不到一万里。

金废帝-完颜亮
这姿态拿捏得，低调又奢华。🍊

明成祖-朱棣 Judy
给巨唐打call。👍👍

汉宣帝-刘询
没想到你们的疆域都延伸到长安以西万里之外了。🍊

元太祖-成吉思汗
大唐厉害,面积居然有蒙古帝国的1/3。👍👍

汉光武帝-刘秀
现在都这么"凡尔赛"了吗?!😂😂

陈武帝-陈霸先
看大家刀光剑影的,我们小朝代气都不敢喘一下。😓

唐高祖-李渊
蒙古帝国 ≠ 元朝,要比也是拿元朝来比。

唐太宗-李世民
@元太祖-成吉思汗 来来来,文化方面敢不敢PK一下。

元世祖-忽必烈
我们以武立国,文的方面你们找宋朝吧。😂

涉及的知识点

◎ 唐朝都城长安有一个门叫开远门,旁边有一块石碑，上面写着"西极道九千九百里"，意思是从开远门到帝国最西距离不到一万里。

◎ 唐朝疆域最大是在唐高宗时期，有1000多万平方千米。

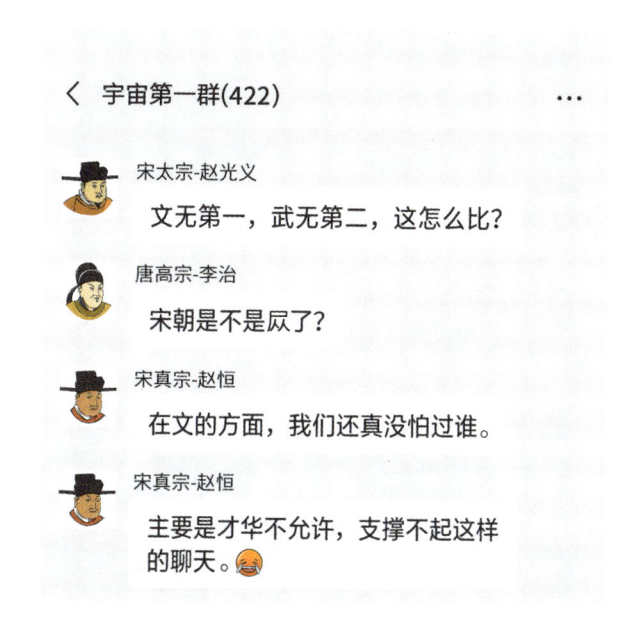

> 宇宙第一群(422)
>
> **宋太宗-赵光义**
> 文无第一，武无第二，这怎么比？
>
> **唐高宗-李治**
> 宋朝是不是尿了？
>
> **宋真宗-赵恒**
> 在文的方面，我们还真没怕过谁。
>
> **宋真宗-赵恒**
> 主要是才华不允许，支撑不起这样的聊天。😂

好吧，其实是趣哥的才华不允许。唐宋诗人PK，这样的大场面趣哥 hold 不住。

宇宙第一群(422)

南唐-李煜
唐诗和宋词风格差异还是挺大的。

南唐-李煜
唐诗雄浑大气，宋词婉转细腻，跟两个王朝的性格差不多。

宋真宗-赵恒
隐约觉得你在黑我们。

明成祖-朱棣 Judy
唐人的边塞诗尤其大气，随便来几句就是大型背诗现场。

明宣宗-朱瞻基
"秦时明月汉时关，万里长征人未还。"

明宪宗-朱见深 Jason
"长风几万里，吹度玉门关"，盛唐气象扑面而来。

唐玄宗-李隆基
哈哈哈哈，唐诗大家都很熟了，我就说点不一样的吧。

唐玄宗-李隆基
唐朝的文人，很多都有武的气质。

第10集 独特的唐人

十全宝宝-乾隆
"匹马城南挑战,单刀蓟北从军","悬宗"说的是这种武吧?

汉高祖-刘邦Bond
这句诗很有画面感,古惑仔的形象已经出来了。

三国-刘禅
哈哈哈哈,"唐悬宗"这个梗果然深入人心。

唐玄宗-李隆基
这个梗过不去了是吧?

唐睿宗-李旦
还有初唐四杰的杨炯,"宁为百夫长,胜作一书生",说出了很多人的心声。

唐玄宗-李隆基
还有李白,"十五好剑术,遍干诸侯","少任侠,手刃数人"。

汉元帝-刘奭
原来文人的画风还可以这样,一直以为文质彬彬才是文人。

南唐-李煜
唐人尚武,宋人崇文,差别真的好大。

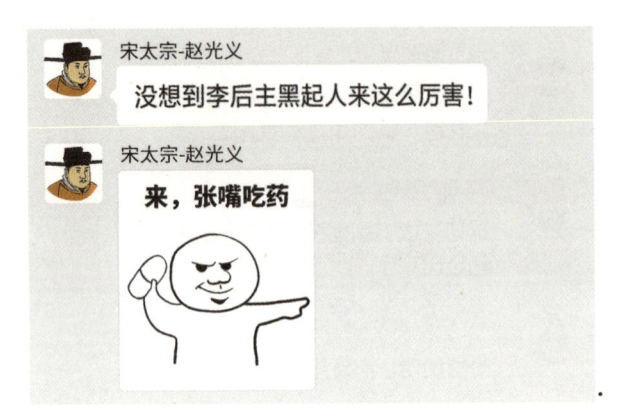

> 宋太宗-赵光义
> 没想到李后主黑起人来这么厉害！

> 宋太宗-赵光义
> 来，张嘴吃药

涉及的知识点

◎ 唐朝的文人，很多都尚武。"宁为百夫长，胜作一书生"，可以代表很多人的心态。

◎ 作为大唐的"顶流"，李白不仅写诗无敌，据说剑术也特别厉害。他15岁学剑术，经常跟人打架。他写的《侠客行》特别帅气：

> 十步杀一人，千里不留行。
> 事了拂衣去，深藏身与名。

◎ 南唐后主李煜，据说是被宋太宗用毒药毒死的。

第11集
杀青前的狂欢

唐和宋，中间就隔了几十年，为什么风格会相差这么大呢？

宇宙第一群(422)

唐昭宗-李晔
唐、宋隔了几十年，为啥会有这么大的转变？🍊

> 南唐-李煜：唐人尚武，宋人崇文，差别真的好大。🤢

宋太祖-赵匡胤
这个说来话长。

宋太祖-赵匡胤
从安史之乱开始，到藩镇割据，再到五代十国，这两百多年战争不断。

宋太祖-赵匡胤
五代十国皇帝都成了高危职业，这个时期有几十位皇帝，大多数都死于非命。

梁太祖-朱温
在五代当皇帝太危险，传位传不好，生命迎来大结局。

五代-李存勖
唉，我这么能打，还是活不过几集。😭😭

唐末帝-李从珂
手下一言不合就叛变，后唐被灭，不见了传国玉玺。

第11集　杀青前的狂欢

汉隐帝-刘承祐
手下叛变+1，结果，现在跟他在一个群里。@周太祖-郭威

周太祖-郭威
你都猜忌我了，我总不能坐以待毙。

明武宗-朱厚照
几位大佬，你们是在饶舌吗？

十全宝宝-乾隆
五代的朝代更替眼花缭乱，一棒接一棒，就跟接力赛似的。

新朝-王莽
五代十国是套娃模式，一个军阀称帝，另一个军阀干掉前面的军阀再称帝，就这样不断循环。

三国-曹操
东汉末年分三国，唐朝结束五代十国。

涉及的知识点

◎ 唐玄宗时期，出于军事需要在边境设置了十大节度使，这就是藩镇。后来，兼任三镇节度使的安禄山，发动了安史之乱。

◎ 唐朝中后期,有的藩镇开始割据。唐宪宗时,藩镇一度被平定,但是后来又重新割据。黄巢起义后,藩镇割据开始普遍出现。最后,唐朝被藩镇之一的朱温所灭,并最终演变成五代十国。

◎ 五代十国的朝代更替频繁,皇帝批量生产,但是大多数死于非命。比如朱温,灭掉唐朝建立后梁,但是因为传位问题,被儿子所弑,朱温所有的儿子,因为各种原因也都死于非命。李存勖被称为五代第一战神,灭掉后梁建立后唐,但是后来沉湎声色,重用伶人、宦官,死于兵变。李从珂是后唐末帝,石敬瑭联合契丹灭了后唐,李从珂自焚,传国玉玺不知所踪。后汉的刘承祐也是因为手下叛变,导致身死国灭。这个手下就是郭威,郭威被猜忌,起兵打败了刘承祐,不久建立后周。

◎ 东汉末年分三国,是3个国家。唐朝结束后进入五代十国，先后有十几个国家，由此也可以看出这段时期的纷乱和动荡。

> **〈 宇宙第一群(422)　　　　　…**
>
> **宋太祖-赵匡胤**
> 从晚唐到五代，手握重兵的武将，要么割据一方，要么直接夺权，太头疼了。
>
> **宋太宗-赵光义**
> 武将权力过大，真的没有安全感。
>
> **宋真宗-赵恒**
> +1。
>
> 宋太宗-赵光义：武将权力过大，真的没有安全感。
>
> **宋太祖-赵匡胤**
> 所以建宋之后，我通过杯酒释兵权，打破了这种循环。
>
> **五代-柴荣**
> 说得好听，是怕其他武将跟你学吧。

> 周太祖-郭威
> 羡慕宋朝，兵不血刃就实现了改朝换代。

> 宋太祖-赵匡胤
> 郭老板，你也是黄袍加身的吧。

—— 涉及的知识点 ——

◎ 晚唐以来，手握重兵的节度使，可以割据一方。进入五代，武将夺权的剧情又一遍遍地上演。赵匡胤通过黄袍加身上位，担心手下大将哪天也来个黄袍加身。所以，赵匡胤先是杯酒释兵权，解除了几位大将的权力，又制定了一些制度，来防范武将权力过大。后面的宋帝也对武将没有安全感，慢慢地，就造成了宋朝武力不振的局面。

◎ 郭威本来是后汉的大臣，后来被黄袍加身，建立后周。赵匡胤本来是后周的大臣，后来也被黄袍加身，建立北宋。

◎ 郭威起兵的代价，就是全家被杀，所以传位给了养子柴荣。

〈 宇宙第一群(422)　　　…

三国-曹操
那宋用一个字总结是啥？

宋太祖-赵匡胤
大宋经济富庶、文化繁荣，"文"或者"富"都可以吧。

明太祖-朱元璋
这个总结没毛病。

宋仁宗-赵祯
听说900年后有个历史学家评价："华夏民族之文化，历数千载之演进，造极于赵宋之世。"

宋真宗-赵恒
后面还有一句，"后渐衰微"。

昨天 15:38

明成祖-朱棣Judy
……

> **明宣宗-朱瞻基**
> ……
>
> **宋太宗-赵光义**
> 大宋文化昌盛，文人辈出，我觉得"昌"也可以。
>
> **明成祖-朱棣 Judy**
> ……

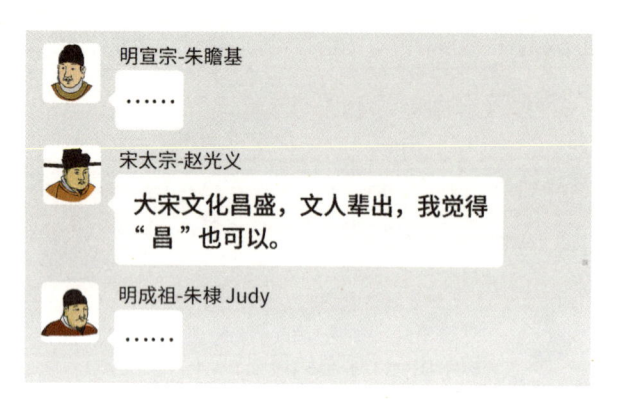

赵匡胤的开头，本来还可以。"后渐衰微"这句话，得罪了明朝，刚好赵光义又送来绝佳的吐槽机会。

涉及的知识点

◎ 宋朝是中华文化的巅峰，现代历史学家陈寅恪曾经说过："华夏民族之文化，历数千载之演进，造极于赵宋之世。后渐衰微，终必复振。"

明帝瞅准机会就是一顿吐槽。

第11集　杀青前的狂欢

< 宇宙第一群(422)　　　　···

明成祖-朱棣 Judy
你咋不用"盛"呢，这样就可以比肩唐太宗了。

宋太宗-赵光义
🍊🍊🍊

明宣宗-朱瞻基
还真会往自己脸上贴金，是"弱"吧，宋弱就是从你开始的。@宋太宗 - 赵光义

明武宗-朱厚照
宋太宗伐辽失败，结果化身高粱河车神，驾着驴车狂奔100多里，成功甩掉了追击的辽国骑兵。😂

汉光武帝-刘秀
太优秀了！👍

汉明帝-刘庄
驴车居然还能甩掉骑兵，真车神无疑了。😂

明武宗-朱厚照
赵家人在逃跑这方面是有天赋的。

宋高宗-赵构
那也好过有人跑不掉。

> **明景帝-朱祁钰**
> 你干脆说我哥的名字好了。😂

朱祁钰暗戳戳阴了一把朱祁镇。

―――― **涉及的知识点** ――――

◎ 宋太宗赵光义对自己存在严重的误解,有一次问大臣:"朕何如唐太宗?"这样的尴尬比较不止一次,还有一次是称赞寇准:"朕得寇准,犹文皇之得魏征也。"他把寇准比作魏征,把自己比作李世民。

◎ 北宋初期,宋太宗曾御驾亲征北伐辽国,但是在高粱河被辽国打得大败,结果宋太宗驾着驴车,居然甩掉了追击的辽国骑兵。因为此事,他被戏称为"高粱河车神"。宋太宗发起过两次北伐,但是都失败了,这也成为宋朝势弱的开始。

◎ 在逃跑方面,宋太宗的后代赵构更加出名。金国人灭北宋后,"搜山检海捉赵构",但是赵构技高一筹，成功跑掉了。

◎ 在土木堡之变中，明英宗朱祁镇被俘。

> ⟨　宇宙第一群(422)　　　　⋯
>
> **明成祖-朱棣 Judy**
> 宋太宗打不过就跑，宋真宗打得过就签。
>
> **汉高祖-刘邦 Bond**
> 这是什么原理？😂
>
> **明成祖-朱棣 Judy**
> 在战争形势有利的情况下，宋真宗跟辽国签了澶渊之盟，每年还给辽国岁币。
>
> **宋真宗-赵恒**
> 🔊 18"
>
> 澶渊之盟很多方面是利于宋朝的，盟约签订后，宋辽两国100多年没有战争。不仅节省了大量的军费和开支，而且为北宋经济文化的繁荣创造了良好的环境。在两国的贸易往来中，宋朝赚的钱已经远远超过岁币了。

> 汉高祖-刘邦Bond
> 看来这个盟约的争议有点儿大。

涉及的知识点

◎ 宋真宗时期,辽国的萧太后和皇帝亲自带兵南下,入侵北宋。在战争形势有利的情况下,宋真宗和辽国签订了澶渊之盟。澶渊之盟比较有争议,有人认为这个和约丧权辱国,在军事占优的情况下还要给辽国岁币。有人认为这个和约很多方面对宋朝有利,比如给经济文化的繁荣创造了和平环境,而且岁币只占宋朝收入的很小一部分,宋朝从两国贸易中赚的钱远远超过了岁币。

< 宇宙第一群(422)

> 唐太宗-李世民
> 其实汉唐初期也没好到哪里去。

第11集 杀青前的狂欢

唐太宗-李世民
西汉初期有白登之围,然后给匈奴送钱送女人。我刚登基时,北方的突厥就兵临城下,迫不得已签订了渭水之盟。

唐太宗-李世民
汉朝隐忍近百年,迎来华丽的逆袭,封狼居胥。唐朝忍辱四年,直接灭了东突厥,还把突厥可汗抓到长安。

汉高祖-刘邦Bond
我的天,这话说的……🍊

汉高祖-刘邦Bond
我以为是对大汉的吹捧,没想到是唐朝的"凡尔赛"。🍊

唐高宗-李治
所以,如果北宋能够居安思危,最后完成逆袭,那澶渊之盟就是渭水之盟。

晋怀帝-司马炽
然而,没等来逆袭,等来了靖康之变。澶渊之盟100多年后,宋都被攻陷,徽、钦二帝被抓,皇室和朝廷被打包发往金国。

宋徽宗-赵佶
楼上是怎么知道这段历史的?🍊

> 晋怀帝-司马炽
> 听说比永嘉之乱还要耻辱，就去看了一下。

> 宋徽宗-赵佶

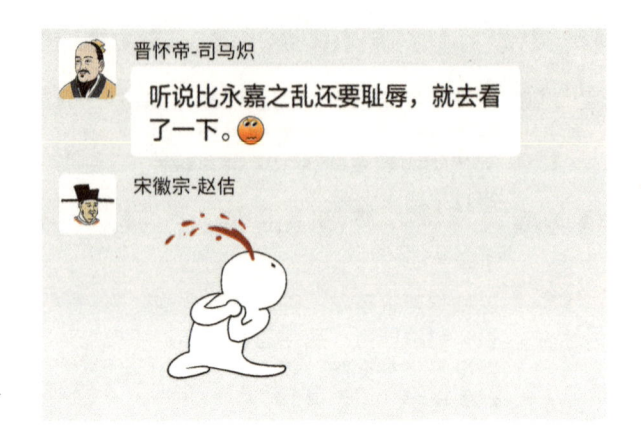

涉及的知识点

◎ 西汉初期，汉高祖刘邦在白登山被匈奴围了七天七夜。解围之后，汉、匈开始了和亲。在汉武帝时期，西汉开始对匈奴进行反击，作为大汉的外挂，霍去病实现了封狼居胥。

◎ 唐朝初年，李世民刚刚登基，东突厥的颉利可汗就带着十几万人南下。此时的长安城兵力空虚，李世民设疑兵之计，成功让颉利可汗怀疑唐军"兵力强盛"，然后签订了渭水之盟。4年之后，唐朝灭东突厥，颉利可汗被抓到长安。

○ 在很长一段时间内，西晋的永嘉之乱，一直是中原王朝耻辱的天花板。后来，北宋的靖康之变成为新的天花板。

○ 永嘉是司马炽的年号，在永嘉之乱中，西晋被少数民族入侵，北方进入空前混乱时期。为避战乱，大量中原汉人逃往南方，史称永嘉南渡。

〈 宇宙第一群(422)　　　　　　…

汉光武帝-刘秀
听说宋的名臣武将不少，为啥军事上这么弱呢？🍊

康熙-玄烨
宋不是缺臣，而是缺君。

明成祖-朱棣Judy
不对不对，是缺钙。岳飞北伐那么好的形势，结果被"完颜构"十二道金牌召回了。

明武宗-朱厚照
完颜构。👏👏

汉武帝-刘彻
岳飞这样的名将,在汉代可能实现封狼居胥。辛弃疾文武全才,名字和经历有几分神似霍去病。

康熙-玄烨
宋帝集体沉默了。

宋真宗-赵恒
大佬们,这不是一个字总结的环节吗?怎么像是吐槽的环节?

唐睿宗-李旦
一吐槽大家就收不住,宋的篇幅有点太长了。

清宣宗-道光
火力这么猛,我们后面的都不敢上场了。

三国-刘禅
这一路看下来,发现每个王朝都有不光彩的时刻。

涉及的知识点

◎ 南宋初期,岳飞北伐中原,一度有希望收回宋朝故都开封,甚至直捣黄龙打到金国腹地。在这种大好形势下,岳飞却被宋高宗的十二道金牌召回,最后以莫须有的罪名被害。岳飞的冤死，千百年来一直让人意难平。在西湖边的岳王庙，岳飞坐像前有"还我河山"四个字，依然会让人忍不住流泪。

◎ 辛弃疾在金国人的统治下长大，后来参加反金起义，但是叛徒杀了义军首领，起义失败。一怒之下，辛弃疾带着50个人，直接冲到几万人的敌营，把叛徒抓到南宋处决。此时的辛弃疾22岁，神似西汉霍去病。然而，辛弃疾并没有受到重用，他栏杆拍遍只能写词排遣，最终成为一代大词人。

< 宇宙第一群(422)   **...**

元世祖-忽必烈
到我们大元了吧。

元世祖-忽必烈
我们元朝用一个字总结就是"大"，蒙古铁骑横扫欧亚，领土面积历朝最大。

元太祖-成吉思汗
蒙古铁骑所到之处，都是蒙古帝国的领土。

唐太宗-李世民
好的，下一个吧！😊

元太祖-成吉思汗
我们都还没开始，怎么就下一个了！😊

元世祖-忽必烈
楼上一定是妒忌我们有这么大的领土。😊

唐玄宗-李隆基
你们除了领土大也没啥好说的。

元世祖-忽必烈
开玩笑吧，我们好歹是第一个大一统的非汉族王朝。😊

宣昭帝-苻坚
厉害了，还真有人实现了我的小目标。

北周-宇文邕
厉害了，还真有人实现了我的小目标。

第11集 杀青前的狂欢

涉及的知识点

◎ 元朝疆域辽阔,是第一个非汉族王朝。在元朝之前,苻坚(氐族)和宇文邕(鲜卑族)也都接近这个目标。

◎ 十六国时期,苻坚第一次统一北方。当时南方是东晋,苻坚发起淝水之战,想要灭掉东晋统一南北。最终,号称雄兵百万的前秦被只有士兵八万的东晋打败,北方再度陷入分裂。

◎ 南北朝时期,北周武帝宇文邕也统一了北方,当时南方是非常弱的陈朝。然而,宇文邕英年早逝,没有实现这个目标。

〈 宇宙第一群(422)　　　　…

元世祖-忽必烈
而且我们还结束了安史之乱以来的割据局面。

唐宪宗-李纯
这话就有点伤人了。💔

唐宪宗-李纯
割据是从五代十国开始的好吗?

元文宗-图帖睦尔
白马不是马?藩镇割据不是割据?

宋太祖-赵匡胤
有没有搞错?你说北宋割据!

元文宗-图帖睦尔
宋、辽、金、夏、大理并立,卧榻之侧到处是鼾睡的人,在我们看来跟割据差不多。

宋真宗-赵恒
嘴皮子真厉害,还以为蒙元都是武夫呢。

明成祖-朱棣 Judy
元朝地盘是大,但是存在感不高,过吧,到我们明朝了。

元世祖-忽必烈
不会吧?

元世祖-忽必烈
定都北京是从我们开始的,行省制度也是始于元朝。

> **唐睿宗-李旦**
> 但是你们可吐槽的地方很多,这是一个吐槽环节,你确定要接受吐槽?
>
> **元顺帝-孛儿只斤·妥懽帖睦尔**
> 你这么说,后面的朝代都不敢上场了。

群里吐槽的火力太猛,所以元朝也就不说什么了。

涉及的知识点

◎ 赵匡胤在结束五代十国的过程中,有一句名言:"卧榻之侧,岂容他人鼾睡。"但是后来,宋朝的周边都是"鼾睡的人",宋、辽、金、西夏、大理并立。

◎ 白马非马是一个著名的哲学命题,由战国时期的公孙龙提出。公孙龙认为,白是白,马是马,白马不是马。

◎ 元朝皇帝大都不了解汉文化,但是元文宗孛儿只斤·图帖睦尔的汉学修养比较高。

宇宙第一群(422)

明太祖-朱元璋
有啥不敢的？我们得国最正，根本没什么好怕的。

唐太宗-李世民
哈哈哈哈，有性格，果然是"刚"明。😁

明成祖-朱棣 Judy
我老爹是逆天改命的天花板，开局一个碗，结局一个国。

宋太祖-赵匡胤
是个猛人，难怪说话这么硬气。😂

汉高祖-刘邦 Bond
明朝为什么叫"刚"明？

新朝-王莽
"不和亲，不赔款，不割地，不纳贡，天子守国门，君王死社稷"，应该是这句话吧？

清世祖-顺治
这话……有点绝对吧……🍊

明成祖-朱棣 Judy
哪里绝对了？

明思宗-朱由检
和亲、割地、赔款，贵清可是全占了。😂

清世祖-顺治
惹不起 惹不起，告辞

南唐-李煜
明思宗，这个庙号莫名觉得有点温情，有种思念故国的感觉。

涉及的知识点

◎ 朱元璋的起点很低，是布衣出身，做过和尚，行过乞，然后创业打下明朝江山，被称为得国最正。

◎ 明朝又被称为"刚"明。有一种说法，明朝"不和亲，不赔款，不割地，不纳贡，天子守国门，君王死社稷"。但也有人认为这话太绝对，明朝有"互市""市赏""弃地"，其实就是"和亲""赔款""割地"，只不过是换了种说法。

◎ 南唐后主李煜因为思念故国，写下了那首著名的《虞美人》：

> 春花秋月何时了，往事知多少？
> 小楼昨夜又东风，故国不堪回首月明中。

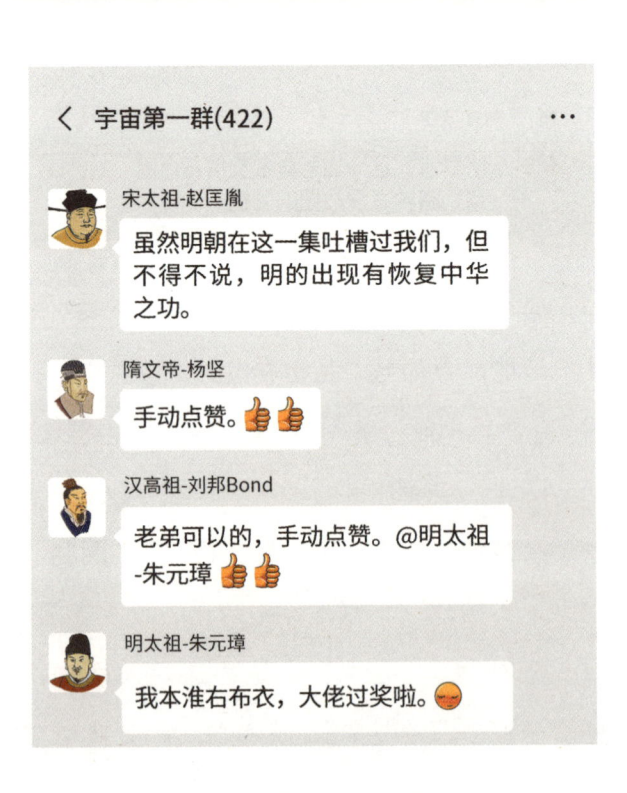

宇宙第一群(422)

宋太祖-赵匡胤
虽然明朝在这一集吐槽过我们，但不得不说，明的出现有恢复中华之功。

隋文帝-杨坚
手动点赞。👍👍

汉高祖-刘邦Bond
老弟可以的，手动点赞。@明太祖-朱元璋 👍👍

明太祖-朱元璋
我本淮右布衣，大佬过奖啦。😊

第11集 杀青前的狂欢

宋太祖-赵匡胤
"山河奄有中华地,日月重开大宋天",很喜欢这句话。👍👍

明太祖-朱元璋
哈哈哈哈,赵老师喜欢就好。

宋太宗-赵光义
我也很喜欢这句话。

明成祖-朱棣Judy
明人不说暗话,你就不要来蹭我们热度了。@宋太宗-赵光义

宋太宗-赵光义
明人果然有性格。🍊🍊

明成祖-朱棣Judy
我爹除了恢复中华,还派蓝玉北伐,实现了封狼居胥。

明成祖-朱棣Judy
鄙人不才,也曾在狼居胥山祭告天地,可能是群里唯一一个吧。

元顺帝-孛儿只斤·妥懽帖睦尔
楼上吹牛真是一把好手,以为是吹捧老爹,结果是吹捧自己。

251

金废帝-完颜亮
听 @明成祖-朱棣Judy 吹牛是一种享受，一般人还真吹不过。

涉及的知识点

◎ 两宋是汉人王朝，但是军事上弱势，元朝和清朝是非汉人王朝。也就是说，唐朝灭亡之后的1000年，只有明朝的200多年，汉人王朝是处于强势地位的。所以，明朝的出现意义重大。

◎ 元朝回到草原后，明朝又发起了多次北伐。朱元璋时期，蓝玉在捕鱼儿海大败北元。朱棣即位后，五次北伐，在狼居胥山祭告天地。

< 宇宙第一群(422)

汉文帝-刘恒
你们后来的发展怎么样？

唐太宗-李世民
后来？后来就是史诗级坑货朱祁镇了。

第11集 杀青前的狂欢

唐太宗-李世民
土木堡之变,明朝一夜之间由盛转衰,每次读史读到这儿都气得不行。朱祁镇复位之后杀于谦,重用奸臣,真是太坑了!

五代 - 李存勖
我的天,太宗出离愤怒了。

明太祖-朱元璋
每次想到这事我就血压高,太宗息怒,看我不打死这个败家子!😡

明成祖 - 朱棣 Judy
老爸,你打完了我继续打。

明英宗 - 朱祁镇
两位祖宗,听说后面有几十年不上朝的,还有整天做木匠活儿的……

明世宗 - 朱厚熜
……

明神宗 - 朱翊钧
有这么坑子孙的吗?!🍊

明太祖-朱元璋
一个都跑不掉,@ 明熹宗 - 朱由校 你做根结实点的木棍,自己拿到我房间来。

253

涉及的知识点

◎ 朱祁镇时期的土木堡之变,是中国历史上的一个大事件。由于朱祁镇决策失误,明朝号称几十万*精锐居然被瓦剌3万人打得大败。朱祁镇被俘,明朝精锐几乎被团灭,土木堡之变成为明朝由盛转衰的转折点。朱棣时期,明朝还能封狼居胥,到朱祁镇这里,差点重演靖康之变。

◎ 明朝的皇帝有个性的比较多,有两位几十年不上朝的皇帝——朱厚熜(嘉靖)和朱翊钧(万历);有斗蛐蛐职业选手朱瞻基(宣德);有超级顽童朱厚照(正德);还有做木匠活很厉害的朱由校(天启)。

＜ 宇宙第一群(422)　　　…

汉高祖-刘邦Bond
朱老弟脾气太火爆了。😂

---

* 有史料称50万,参考白寿彝主编《中国通史(第2版)》上海人民出版社出版;也有史料称20万,参考土木堡之变亲历者李贤所著《天顺日录》。

第11集 杀青前的狂欢

唐太宗-李世民
是个猛人。

汉武帝-刘彻
接下来到清朝了吧？说完清朝我们就杀青了？

十全宝宝-乾隆
大佬们，吐槽火力这么猛，我们都不敢上了。😂

汉武帝-刘彻
清朝一个字总结是啥？

清宣宗-道光
大佬们熟读历史，想必对后世的事情也比较了解。

汉元帝-刘奭
我替你们说吧，"赔"，犯我大清者，虽远必赔。

明武宗-朱厚照
哈哈哈哈，这吐槽绝了。

汉武帝-刘彻
更难听的就不说了，那就杀青吧。

宇宙第一群(422)

汉高祖-刘邦Bond
既然杀青了,那喝酒庆祝一下吧?

三国-曹操
来来来,对酒当歌,人生几何?

宋太祖-赵匡胤
喝酒算我一个!🍺

明成祖-朱棣Judy
你走开,上次跟你喝酒的人权力都没了。

唐太宗-李世民
小兄弟,咱俩可以喝一个。@宋太祖-赵匡胤

宋太祖-赵匡胤
太宗爷,喝酒就喝酒,不要称兄道弟的行不行?!😒

晋惠帝-司马衷
喝酒对身体不好,我劝大家喝点肉粥。

三国-刘禅
哈哈哈哈,群里个个都是人才,看你们聊天太欢乐了。😂

这一段用到了几个典故。

---- **涉及的知识点** ----

◎ "对酒当歌,人生几何",出自曹操的《短歌行》。

◎ 赵匡胤找几位大将喝酒,喝完酒后,几位将领便交出兵权,史称"杯酒释兵权"。

◎ 玄武门之变中,李世民杀掉了自己的兄弟。

◎ 老百姓饿得没东西吃,听完大臣的奏报,司马衷问了一句:"他们为什么不喝肉粥呢?"

第12集
当文艺皇帝建了群

群里管理员竞选暂时进入中场休息时间。

休息时间,适合文艺活动。

这时,具有文艺或娱乐属性的同学们开始活跃了……

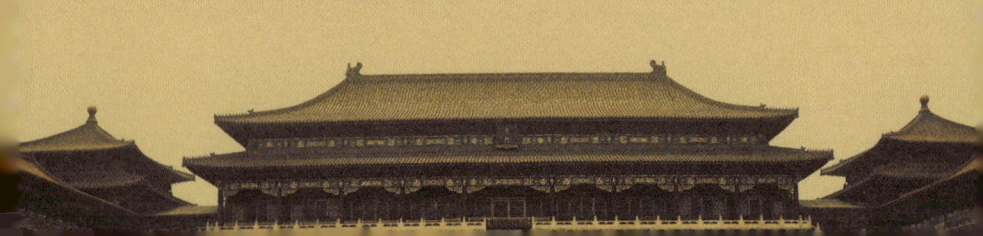

第12集 当文艺皇帝建了群

宋徽宗-赵佶
群里好热闹啊,是在选管理员吗?😁

新朝-王莽
是的,可以爬楼复习一下群消息。

宋徽宗-赵佶
@新朝-王莽 老王,你那个终结者联盟很厉害!😂

新朝-王莽
哈哈哈哈,难道你也想加入?

金太宗-完颜吴乞买
@宋徽宗-赵佶 阁下加入的应该是被终结者联盟吧?🍊

宋钦宗-赵桓
(瑟瑟发抖)

宋徽宗-赵佶
我本是个艺术家,奈何身在帝王家。

宋徽宗-赵佶
群里有不少文艺青年,我们何不组一个文艺青年联盟?

南唐-李煜
这个主意不错,我先报个名哈。✋

南朝陈-陈叔宝
报名+1。不谈什么宏图大业,只聊风花雪月。

三国-刘禅
哈哈哈哈,这个联盟好玩,说得我都想加入了。

宋徽宗-赵佶
我们这个又不是搞笑段子群。🍊
@三国-刘禅

秦始皇-嬴政
你们开小群聊吧。

宋徽宗-赵佶
好的好的,谢谢群主提供平台,有意向加入文艺联盟的扫码哈。

宋徽宗-赵佶
[文艺青年联盟 二维码]

不一会儿就加了一些人进来。

第12集　当文艺皇帝建了群

< 文艺青年联盟(36)　　　…

宣和主人
@所有人 麻烦大家改一下群昵称，格式跟大群一样。🍊

---涉及的知识点---

◎ 宋徽宗赵佶，号宣和主人，也是其年号之一。

看到大家群昵称改得差不多了，作为书画爱好者，宋徽宗适时抛出了话题。

< 文艺青年联盟(36)　　　…

宋徽宗-赵佶
本群是文艺青年交流群哈，本期的话题……嗯……要不大家聊一聊各自时代的绘画代表作吧。

南唐-李煜
这个话题不错。🍊🍊

261

宋高宗-赵构
老爹,你指导王希孟画的《千里江山图》,真的很棒。👍👍

新朝-王莽
确实很赞,可以算是北宋的国家航拍纪录片了。😂

宣统-溥仪
张择端的《清明上河图》也很厉害,从北宋至今,几乎妇孺皆知。

宋徽宗-赵佶
哈哈哈哈,张择端和王希孟都是我画院的学生。

元顺帝-孛儿只斤·妥懽贴睦尔
我的时代出了一幅《富春山居图》,据说后来烧成了两段……

乾隆-弘历
怎么那么多非艺术属性的同学也混进群里了?

宋徽宗-赵佶
嗯……这就尴尬了。

第12集 当文艺皇帝建了群

─── 涉及的知识点 ───

◎ 宋徽宗时期,有两幅画非常出名。一幅是《千里江山图》,是18岁的少年王希孟画的,宋徽宗亲自指导。还有一幅就是大名鼎鼎的《清明上河图》,作者是张择端。

◎ 宋徽宗曾创办画院,王希孟和张择端都是画院的学生。

◎《富春山居图》是元代画家黄公望在80岁时开始画的,耗时4年画成,后来被烧成了一大一小两段。

群里加进来了一些非文艺属性的同学,宋徽宗本来想筛选一下,选出真正的资深文艺青年。然而群里有赵家自己人进来,还有一些有为帝王也加进来了。宋徽宗终究没下得了手,正如同他对北宋的治理一样,管理非他所长。所以,此群也就成了泛文艺讨论小组。

文艺青年联盟(36)

乾隆-弘历
我的时代出了一幅《百骏图》，是意大利的郎世宁画的。

南唐-李煜

南唐-李煜
我让宫廷画师去韩熙载家赴宴，画下了这幅《韩熙载夜宴图》。

三国-刘禅
这聚会不错啊，看起来很嗨的样子。

南朝陈-陈叔宝
这聚会不错啊，看起来很嗨的样子。

涉及的知识点

◎ 上面群聊讨论的五幅画：《千里江山图》《清明上河图》《富春山居图》《百骏图》《韩熙载夜宴

图》，是中国十大传世名画中的五幅。

○ 《韩熙载夜宴图》展示的是南唐名臣韩熙载家宴的场景。南唐后主李煜准备重用韩熙载，然而韩熙载眼看南唐气数已尽，不想做亡国之臣，于是在家大开聚会，对外营造出一种沉迷声色的形象，来打消李煜重用自己的念头。李煜不信，派宫廷画师赴宴，观察韩熙载的言谈举止，并画下来给自己看，于是便有了《韩熙载夜宴图》。

艺术让宋徽宗着迷。

〈 **文艺青年联盟(36)** ⋯

宋高宗-赵构
@宋徽宗-赵佶 老爸，大群里有人找你。

宋徽宗-赵佶
看《韩熙载夜宴图》看得入迷了。

宋徽宗回到大群，发现群主在 @ 他。

> 秦始皇-嬴政
> @宋徽宗-赵佶 群里不要发二维码图片，撤回吧！

看到群主@自己，宋徽宗赶紧回复。

> 宋徽宗-赵佶
> 不好意思啊群主，刚刚在隔壁群聊得太嗨没看到消息，现在撤回不了了。

> 秦始皇-嬴政
> 那你给大家发个红包吧！

> 金太宗-完颜吴乞买
> 发吧，姿势已经摆好了。

于是宋徽宗发了一个前所未有的红包，直接把北宋王朝发了出去。

第12集　当文艺皇帝建了群

宋徽宗-赵佶
一个北宋
红包

金太宗-完颜吴乞买
我抢到了！哈哈哈哈。

宋高宗-赵构
谢谢老爸！😂

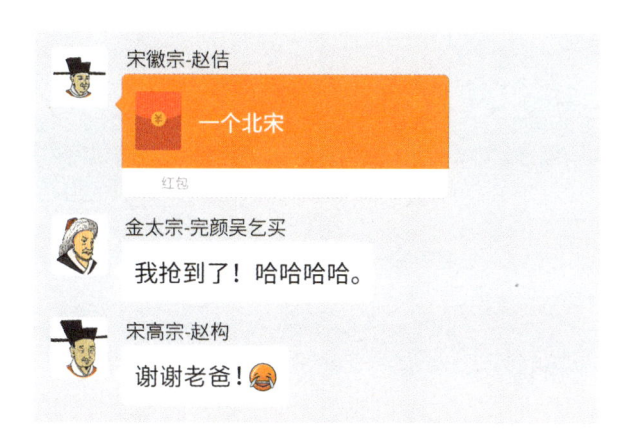

―涉及的知识点―

◎ 金太宗时期，金军南下侵宋，攻克北宋都城汴京，俘虏徽、钦二帝，占领北宋的大片领土（相当于抢到北宋的一个红包）。侥幸没有被俘的赵构，后来建立南宋，南宋只有半壁江山（相当于抢到另一个红包）。

◎ 宋徽宗在位25年，然后禅让给儿子宋钦宗，钦宗在位一年左右，发生了靖康之变（为了叙述简洁，此处写成了宋徽宗发红包被金朝和赵构抢到，实际的历史比这个要复杂得多）。

宋徽宗这种行为艺术般地发红包，一时之间超出了所有人的想象。

> 红包记录
>
> **宋徽宗-赵佶的红包**
> 一个北宋
>
> 2个红包，已经被抢光
>
> 金太宗-完颜吴乞买
> 1127年
>
> 宋高宗-赵构
> 1127年　　　　👑手气最佳